5年生のクラスをまとめる60のコツ

著　樋口綾香

東洋館出版社

「クラスをまとめる60のコツ」シリーズ刊行にあたって

本書を見つけていただき、ありがとうございます。

本書を手にとっていただいたということは、何かしらの悩みをお持ちなのでしょう。もしくは、はじめて持つ学年で不安がいっぱいなのかもしれませんね。

本書は、「これをすればうまくいく！」という強いメッセージを持った本ではなく、心がスッと楽になるような、手元に置いておきたくなるような本を目指しました。悩みや不安があると、つい「これをすればうまくいく！」といった本を買ってしまいがちです。そのような本をヒントに、目の前にある悩みや不安を解消しようとします。

気持ちはとてもわかります。私もそうでした。

もちろん、本書でも「これをすればうまくいく！」といったことは書いています。でも、本通りにしたけれど、うまくいかなかったということはありませんか。

それは目の前にいる子どもの実態や、先生自身のステータスが異なっているといった様々な理由から同様のことはできないのです。

そこで本シリーズでは、実際に執筆した先生たちのエピソードを入れました。それらのエピソードは、先生たちが実際に感じた失敗や困難、時には迷いや葛藤といった感情をリアルに伝えています。そして、そこから学んだことや次に向けた前向きな姿勢も含まれており、読む方に「私も大丈夫」と思っていただける内容になっています。

また、本書では、日々の授業や子どもたちとの関わりを通じて感じる喜びや、成長の瞬間にも焦点を当てています。教師としての役割や使命感に加え、日常の中で感じる小さな達成感や共感の場面を通じて、教育の奥深さを再確認してほしいと願っているのです。

ぜひ、本書を通じて、あなたが日々の実践に役立つヒントや気づきを得られることを願っています。教師という仕事における不安や悩みが少しでも軽くなり、子どもたちと向き合う毎日が、さらに充実したものになることを心から願っています。

本書は「教壇に立つあなたに伝えたいこと」シリーズの姉妹本になります。そちらのシリーズもあわせてお読みください。

樋口万太郎

はじめに

こんにちは、樋口綾香です。

学級経営についての本を一冊書くのは、これが初めてです。

この本の企画を聞いたとき、「エピソードをもとにすれば、私が大切にしている児童観や授業観を伝えられるかもしれない」とワクワクしました。気づけば私は、ひと学年を担当させてほしいと願い出ていました。

本を書くにあたり、過去の日記や授業研究ノート、写真アルバムなどを見返しました。そのたびに、記憶は鮮明に蘇りました。それは、どの出来事にも感情を揺さぶられる瞬間があったからでしょう。学級の中での様々な出来事が子どもたちだけでなく、私自身も成長させてくれました。

私が私自身で一番変わったと思うところは「寛容さ」です。昔から、自分にも他人にも厳しいところがあり、子どもたちにもきちんとさせようとするところがありました。でも、いろいろな子どもたち、そして素晴らしい同僚の先生方との出会いによって、少しずつ考えが変わっていったのです。

「必ずしも目標やルールを同じにする必要がないこと」「今はできなくても、後でできることがあること」「きちんとさせる以上に価値のあることがその場その場で起きていること」――そんな学びを通して、私は「自分にも他人にも厳しいものの見方」が、子どもを苦しめることがあることに気づきました。「集団」だけでなく「個」を見るように視点を持つことで、自他を大切にする「寛容さ」を手に入れたのだと思います。

今では、自分に寛容になりすぎることも。きっと私のことをよく知っている方は、この前書きを読んで「そうだ、そうだ」と頭を抱えていることでしょう。いつもすみませんね（笑）。そんな私だからこそ、今、この一冊を書くことができたのだと思います。

本書で紹介した様々なエピソードに対して、子どもの様子を想像したり、自分ならどうかと考えてみたりと、リラックスして読んでいただけたら幸いです。

この本が、あなたの学級づくりの一助になることを願っています。

樋口　綾香

目次

第2章

5年生のクラスをまとめるコツ　31

第1章

5年生の指導のポイント

5年生の指導のポイント

子どもの力を信じ、教師の願いを伝え続ける

次の言葉は、新学期が始まって早々、私が子どもたちに言った言葉です。

「学校は、自分たちで面白くできるところです」

なぜ、こんなことを言ったのかというと、あまりにも子どもたちが真っ直ぐすぎたからかもしれません。

指示をよく聞き、よく学ぶ子たち。素直でとてもかわいい。でも、いつもどこか不安げで、自分たちから何かしたいとは言いません。学校生活はとても真面目ですが、宿題を忘れる子

は多く、自学をしてきたり、自分で興味を持って何かを調べたりする子はとても少ない印象でした。

週に一回の学活の時間の前は、当たり前のように「今日は何をするの？」と聞いてきます。学活の時間を自分たちのために使うという意識はないのだなあ、とわかりました。

この子どもたちの意識は、学校がつくってきたものです。良くも悪くも学校、あるいは教師が求めてきた子どもたちの姿なのではないでしょうか。素直に指示を聞いて学ぶ子が悪いはずありません。今日は何をするの？と聞く子が悪いはずもありません。

でも、ここまでで留めておくことがもったいないのです。5年生の子どもたちは、もっと自分たちで考えて、動けます。**楽しいことを思いついて、計画・実行することができる**のです。

そうさせてこなかったのは、私たち教師ではないでしょうか。

「自分たちでやりたいことをやってみたらいい。ちゃんと計画して、実行する。

失敗したら、やり直してもいいし、途中でやめることがあるかもしれない。

それも学びなんだよ」


私は、自信なさそうな表情をする子どもたちに伝え続けました。すると、子どもたちの行動が少しずつ変わっていきました。

「先生、学活の時間にみんなで話し合いたいことがあるんだけど」

と言って、相談に来るようになり、

「今日の宿題は、得意なことを一分で紹介する動画を作ることにしたいんだけど」

と提案するようになりました。


いつの間にか、不安げな表情はほとんど見なくなりました。きっと一人じゃないからです。**クラスの誰もが、失敗を責めずに、助けてくれる**からです。

「頑張っている子はかっこいい。失敗はかっこいい」

これもまた、担任のときはいつも子どもたちに伝えていることです。


担任が理想を語ることは、子どもたちを信じている証しだと私は思っています。私の理想は、**子どもたちが生き生きと学びながら、挑戦を楽しむ姿**です。自分の力を試して進む子どもたちは、私にとっていつもまぶしい存在で、そんな姿を近くで見るたびに、教師になってよかったと感じます。

私たち教師が絶対に教えなければいけないのは、**挑戦の素晴らしさと、失敗を乗り越える方法**ではないでしょうか。

子どもたちが自分で考え、行動できるように、私たちは一歩踏み出す勇気を与え、失敗したときに助言やアドバイスができるようにいつも見守っていることが大切なのです。

6年生でリーダーシップを発揮するために

6年生になると、児童会活動やクラブ活動、学校行事などにおいて中心的な役割を担うようになります。6年生になったら、突然リーダーシップ性が湧いて出てくるわけではありませんよね。これまでの子どもと子どもの関係性、子どもと大人との関係性において、リーダーシップ性はある程度育まれてきています。

5年生では、さらにリーダーシップを発揮しようとする意欲や態度を育て、役割や責任を自覚して行動することを促していきます。

子どもたちの意識と行動を変えていくために、私たち担任が気をつけないといけないことは、**これまでの学びを否定しない**ことです。もし消極的な子どもがいたとしても、進んで消極的になることを選んだのではなく、性格や環境がそうさせたのかもしれません。これから学んでいく環境が子どもたちのリーダーシップを発揮できる場になるためには、どうすればよいのでしょうか。

人間関係づくりにおいて大切なこと

リーダーシップを発揮するためには、**多様な他者を認めること**が大切です。揉めごとが頻発する、交わされる言葉がトゲトゲしている、互いに認め合えないといった関係性においては、リーダーシップを発揮することは難しくなります。気軽に話し合える人間関係がつくれているか、教室が安心して過ごせるようになっているかといった環境は、リーダーシップを発揮するために最も重要です。

この人間関係には、子ども同士だけでなく、大人も含まれます。私たち教師が過度に干渉したり、威圧的な態度や言葉で接したりすることは、子どもたちの主体性を奪ってしまいます。保護者も同じです。そうなれば、リーダーシップが発揮されることはありません。親や教師の言うことを聞いて動くことが良しとされるからです。

子どもたちが主体性を発揮できるようにするためには、やることの指示だけをして子どもを動かそうとするのではなく、一緒に考える場を大切にします。

「大縄大会があるよ。目的はこうなっているけど、みんなは何のためにする？　練習の計画を一緒に立てよう」というように、活動は決まっていても、何をどのように取り組むかまでは決まっていません。

子どもの考えを尊重しながら、行事のための行事ではなく、**自分たちの成長のために行事があると捉え直して、一緒に考える場をつくります。**クラスで一つのことをするときには、一人ひとりの意志と働きかけが大切であることを子どもは学んでいきます。決して他人事ではなく、自分事として学級に関わっていくことがリーダーシップの第一歩です。

言葉の力

人間関係をつくっていく要素で、私が大切にしているのは「言葉」です。

言葉には、破壊的な側面と秩序的な側面があります。言葉そのものに感情はありませんが、思っていることを言葉にした瞬間、その人の心を映し出します。他者の言葉を受け取るとき、あるいはその振る舞いを見たときに、自分の心の在り様によっては他者を評価したり、自分を評価したりする感情的なものとして受け取ることがあります。自尊感情が低くなっているときには、自己否定的に言葉を受け取る可能性が高まってしまうのです。

だからこそ、**相手の立場に立って言葉を慎重に使うこと**が大切です。「自分は平気」や「そんなつもりはなかった」が、時に相手を深く傷つけてしまうことを子どもたちは学ばないといけません。

私は、学級経営方針の中で言葉について、このように子どもたちに伝えています。

「みんなが安心して過ごせるように、きつい言葉は注意します。『死ね』や『殺す』などという言葉を使わないのは当たり前です。なぜダメなのかわかりますか。

本当に言われた人が死んだら？　学校へ来なくなったら？　その責任は言葉を言った人にあります。そんなこと、一生背負えますか。とてもつらいことです。

先生は、加害者も被害者も出したくありません。そこまでいかなくても、言葉は、簡単に人を傷つけてしまうものです。だから先生は言葉に厳しいです。人を励ませる、温かい気持ちにすることもできる言葉ですから、大切に使ってほしいです」

子どもの自尊感情を高めるために

リーダーシップを発揮するためには、自尊感情を高める必要があります。思春期特有の不安定な感情により、人間関係に悩むと、行動や発言は自ずと消極的になります。

自信はどのように育まれるのでしょう。社会的役割や責任を果たす活動を体験すること、目標を持ち、その目標を達成する経験をすることで育まれます。授業や学級活動の中で、一人ひとりが力を発揮できる場を設定し、小さな成功を積み重ねていくことを意識しましょう。

担任の先生として大切にしたいこと

小学校のとき、学校へ行くことが好きではありませんでした。私は兵庫県の田舎に住んでいて、家から小学校までの道のりは二キロメートルを超えます。その距離を重たい荷物を持って歩くことがつらく、朝は七時二十分に家を出るという生活が修行のようで苦しい六年間でした。

そんな私でも、学校が楽しいと思えることは何度かあって、その一つは先生が優しく接してくれることでした。

担任の先生の記憶

1年生の先生は、あまり学校へ行けなかった私をいつも優しく受け止めてくれました。お腹が痛くなると手をつないで保健室へ連れていってくれたのを覚えています。

3年生の先生は、首からじゃらじゃらと数珠のようなネックレスを何本もかけている先生で、見た目から大好きになりました。休み時間に描いてくれる先生の似顔絵がかわいくて、わざわざ画用紙を持っていって描いてもらったのを覚えています。

4年生は新任の先生。バレーボールをしていたという共通点があって、習っていたバレーボール教室に仕事の後に来てくれたのがとても嬉しかったです。指導担当で一緒にいた先生は、授業中に「ノートに目が近いよ」といつも声をかけてくれる優しい先生でした。

5年生の先生は、始業式のときに初めて出会ったので、連絡帳に先生の名前を書いていると、「綺麗な字だね」と褒めてくれたのをとてもよく覚えています。

学校が楽しい理由を担任としてつくりたい

振り返ると、ちょっとした声かけや何かを一緒にした経験、そして**私という存在を受け入れてくれているという担任への安心感が、私に「学校が楽しい」と思わせた**のでしょう。また、授業が楽しいこと、得意なことが認められることは、自分の成長を実感する有意義な時間でした。

担任の言動で、教室は楽しい場所にもつらい場所にもなってしまうと私は考えています。それは今も昔も変わりません。子どもたちをよく見て、温かな声かけと雰囲気を心がけて子どもたちに接したいものです。

教室は「学びの場」

教室の意義は、次の三つだとされています。

- 学習意欲の向上
- 学習成果の確認
- 学校生活の基盤

教室が生き生きとした豊かな学びの場となるように、私は**「安全面」「協調性と個性」「学びの可視化」「創造性」**を大切にしています。

安全面

安全面は、学習意欲の向上と学校生活の基盤を支えます。こんな言葉を聞いたことはありませんか。

「心の荒れは、教室の荒れ」

「教室の荒れは、学級の荒れ」

教室の中に物が落ちていても、誰も拾わない。これを見逃しているうちに、いつの間にか学級全体が落ち着かなくなり、崩壊してしまった。でも、物が落ちていること自体が心の荒れのサインだった、というものです。

物が落ちていないことは、清潔で落ち着いて学べる教室において大事なポイントです。でも、それ以外にも教室を整えるよさはたくさんあります。

例えば、「物を失くした」「落ちている物につまずいてこけた」「紐にひっかかって物を落として壊してしまった」などの紛失・怪我・破損などのトラブルを予防できます。それぞれ、起きうるストーリーを想像できますか。

・消しゴムがない！とキレてしまった子。

↓まわりの物を投げつけた後、一緒に探してあげると、机の奥から見つかった。
・床に落ちていた上靴袋を踏んで転倒した子。
↓腕を骨折して翌週の運動会に出られなくなった。
・お茶を飲むために水筒入れから水筒を取ろうとしたら、他の子の紐も一緒に引っ張ってしまい、友達の水筒を落として割ってしまった子。
↓水筒の持ち主の親から「買ったばかりだった」とお怒りの電話が。

これらは私の創作ですが、どれも、どこかの教室で起きていると想像できます。教室でのちょっとしたトラブルが、保護者を巻き込んで大きな問題になる可能性もあるのです。教室の安全面がもっと重視されていれば、防げたこともあるのではないでしょうか。**安全な教室をつくるためには、想像力を働かせることが大切**なのです。

すっきりと整った教室では、子どもたちがつながる余裕が生まれます。何も置いていない棚の上にカードを広げて遊んだり、タブレットを開いて係活動の打ち合わせが始まったり。あるいは、教師机で折り紙を折り始めたり、電子黒板を使って休み時間にクイズ大会をしていたり。

「スペースがあるから活動が生まれる」

「活動をしたいからスペースをつくる」

どちらも大切です。子どもの〝したい〟が生まれる教室をつくっていきましょう。

協調性と個性

5年生になると、思春期に入り、まわりの目を気にして思った通りの言動ができなかったり、人間関係がうまくいかなくなることがあります。まわりの目を気にするしんどさは、大人もよくわかっています。そんな不安定な時期だからこそ、**教師が子どもたちに寄り添う言葉かけや自分の思いを表現できる場づくり**をします。

・言葉かけ

みんなの前で教師から褒められることをどう思うか、子どもたちを観察して判断します。

「高学年だからやらない方がいい」という意見もありますが、すべての子どもがそうだというわけではありません。実際私が担任するクラスは、「もっと褒めて！　みんなの前で言っ

て！」とリクエストされるほど、みんな褒められたがりでした（笑）

まずは、クラス全体を褒めることから始めてみます。始業式の態度や下級生に対する声かけなど。そのときの子どもたちの反応を見ながら、全体の場で褒めることへの抵抗感を探ります。子どもたちの表情が柔らかく、教師の言葉を素直に受け入れている様子であれば、少しずつ個人の言動を認めたり、褒めたりすることを増やしていきます。

一方で、褒められることに対して抵抗がある様子を感じた場合は、個別の声かけの他に、**写真などを使ってみんなでよいことに気づく**という方法もあります。

例えば、授業中にペアで対話している様子を写真に撮り、話し合いの後に、電子黒板に写真を提示します。このとき、一枚だけの写真ではなく、数枚見せます。そして、

「なぜこれらの写真をみんなに見せたかわかる？」と聞きます。

子どもたちは、

「二人で目を見て話している」

「身振り手振りを使っている」

「笑顔で話している」

など、いろいろなよさに気づくでしょう。

教師が子どもを褒めたのではなく、子どもが子どもを褒めたことになります。みんなの前で教師に褒められることに抵抗がある子でも、**友達から認められることは嬉しい**という子がたくさんいます。

よいところを認め合えることが教室の中で当たり前になっていけば、教室で温かな雰囲気がつくられていきます。

・自分の思いを表現できる場

学級会は、一人ひとりが学級をつくっていると感じられる大事な時間です。この時間を、自分の思いを最大限表現できる場になるようにするには、どんな手立てがあるのでしょうか。

まずは、学級会の意義を子どもたちと確認します。

学級会は、自分たちの学校生活がよりよくなるために、必要なことを話し合う時間です。「教師→子ども」だけの時間ではなく、**「子ども→学級」の時間を持つこと**が大切であることを確認しましょう。時には「子ども→子ども」というように、個人的な悩みを共有することもあるかもしれません。

学級会の議題には、みんなと話し合いたいことを挙げるように伝えます。困っていることや提案したいことなど、どんな些細なことでもよいことを伝えておくと、子どもたち同士で課題や悩みを受け止め合うことができるようになるでしょう。

学びの可視化

学びを可視化することは、学習意欲の向上、学習成果の確認、学校生活の基盤のいずれにもつながる重要な視点です。

皆さんの教室には何が掲示されていますか。いつも掲示されているものと、季節や学習内容によって変わっていくものがありますよね。例えば、次のようなものがあります。

- 話し方　・聞き方　・声のものさし
- 掃除当番表　・給食当番表　・学級目標
- 学級通信　・学校だより　・学年だより
- 係活動ポスター　・時間割　・学校目標

これらは、常に掲示されているものの例です。内容は変わっていったとしても、常設されていることが多いです。

私が意識したいのは、**季節や学習内容によって変わる教室掲示**です。後方の壁面のほとんどがこの掲示になると思います。

そこへ、貼られるものとして多いのは、図工の絵画作品です。しかし、子どもたちは、国語、社会、算数、理科、音楽、体育、家庭、総合、道徳、外国語活動というように、多くの教科領域で日々学んでいます。なぜ図工作品が占める割合が多いのでしょうか。「図工で作品を作れば必ず掲示するもの」というように、その意図をよく考えもせずに掲示している場合があるかもしれません。鑑賞のために必要だとしても一定期間鑑賞すれば掲示は十分でしょう。一カ月同じ絵を掲示しておくことに、それほど教育的効果があるとは思えません。

5年生は学習内容が多いので、**教科で学んだことをどんどん掲示する**ようにします。例えば、社会科は選択単元があるので、学んだ内容を交流できるような掲示にします。また、自由進度学習で学んでいることなども、掲示板を活用して情報の整理・分析の仕方やまとめ方を比較できるような掲示にすると、教育効果は高まるでしょう。

このほか、行事など、学級や学年が一丸となって取り組むものについては、学年で掲示を揃えたり、同じ活動を考えたりすることも大切です。行事における**個人目標などを掲示板に貼ると、一人ひとりが目標を持って行事に臨むことが学級の力になる**ことを感じられるでしょう。

創造性

創造性を大切にした活動は学習意欲、学習成果、学校生活の基盤のすべてを向上させます。教室が創造性を発揮できる場になっているか、教室を俯瞰して見ましょう。

創造性を掻き立てるには、子どもたちが考えたことを実行できる場が必要です。係活動や学級会が最も適していますが、教科内容であればカリキュラムマネジメントを意識して、総合的な学習の時間なども含め、教科横断的に取り組む意識も大切です。

創造性を発揮するためには、**教室が安心して失敗できる場**でないといけません。失敗を笑ったり責めたりするような風土をつくらないこと、失敗してもまた挑戦できるチャンスがあることを子どもたちに伝えていきます。

イベントの企画・運営を通して子どもの成長を見取る

お楽しみ会、各学期のお疲れ様会、ハロウィンパーティ、クリスマスパーティ、誕生日会、お別れ会など、何度も開かれるパーティ（笑）。しかし、このパーティは、ただ遊んでいるだけではありません。出し物のクオリティは回を重ねるごとにレベルアップしますし、運営側の段取りもどんどんスピーディになります。そのうち担任である私はやることがなくなっていって、一参加者として楽しませてもらえることもたくさんありました。

子どもたちが企画・運営したものは、彼らの成長がよく見えます。一人ひとりが相手を喜ばせたり、楽しませたりする方法を一生懸命に考えていることがわかる工夫が随所に見られるようになるのです。

また、私が好きでやっていた子どもたちへの折り紙やカードのプレゼントを、子ども同士でするようにもなりました。ハロウィンパーティのときにもらったカードには、一人ひとりのいいところが書いてあって、もらったみんなは幸せそうな表情で文章を読んでいました。**担任が心を込めてやっていたことは、子どもたちにも伝わる**のだと実感したのを覚えています。

子どもたちが互いを大切に思いながら行動したその温かさや寛容さを見逃さず、子どもたちに伝えていくことで、次の会がよりよいものになっていくでしょう。

第2章

5年生の
クラスを
まとめるコツ

1

一年間の目標は子どもと出会って確かなものに

私は三年ぶりの担任にワクワクしていました。二年連続、研究加配というポジションで担任から外れていたのです。国語授業づくりやGIGAスクールのモデル校として学校の研究を引っ張ったこの二年間は、間違いなく充実したものでしたが、やっぱり担任のワクワクには勝てません。それは、子どもたちと過ごす毎日が一日たりとも同じ日はなく、担任は一人ひとりの子どもと濃い日々を過ごすことができるからでしょう。

この期待は裏切られることはありませんでした。

午前中に入学式を終え、始業式は午後から。勤務校では、廊下に新しいクラスの名簿を貼って、新しい担任が教室で子どもたちを迎えます。二年間全学年の授業を担当していた私は、全員の子どもたちの顔を知っています。私が担任だと知って、どんな顔をしてくれるだろうかと、期待半分、心配半分で待ち受けていました。

すると、一人の男の子が、

「こんにちはー！」

と大きな声で挨拶しながら階段を上ってきました。教室から声を聞くだけで、私は、あの子だと気づいています。

男の子は、自分の名前を見つけると、

「1組や！　え？　樋口先生？　樋口先生って担任できるの？　奇跡や！　奇跡が起こったー！」

と大興奮で教室へ入ってきました。

私はその反応に「担任できるの？ってどういうこと？」とおかしみをこらえつつ、でも心の中では小躍りしています。


こんな褒め言葉ってあるのでしょうか。今思い出しても顔がにやけてしまうぐらい。子どものストレートな言葉は、こんなに胸を温かくしてくれるのですね。まだ何もしていないのに。私たち教師は、何気ない子どもの言葉にたくさん救われているのだろうと改めて感じる瞬間でした。

その男の子は、教室で待ち受けていた私に、

「あ！　樋口先生！　一年間、よろしくお願いします！　お母さんに報告や〜！」

と言って荷物を置くと、すぐに他のクラスへと去っていきました。案外あっさりしています(笑)

この子の期待を裏切りたくない、絶対にいい一年にしようと誓った私がいます。始業式後の子どもとの出会いは、担任から子どもたちへ、前向きに一年を歩み出せるように、黒板メッセージを書いたり、明るく楽しい自己紹介やゲームを考えたりします。与えることばかり考えていた私は、この子に思いがけず一年間頑張れる言葉のプレゼントをもらいました。

子どもは教師の写し鏡だといいます。私が使う言葉、態度、反応、興味・関心、尊重するもの、好きなこと、苦手なこと、それは子どもにもどんどん影響を及ぼします。私もこの男の子のようでありたいと思います。この子のように、**素直で、何気ない言葉でまわりの人を幸せにするような、自信が湧いてくるような言葉を使える人でありたい**と。

「目の前の子どもたちが、明るく健やかに安心して教室で過ごせますように」

これが子どもと出会ってできた、私の一年間の目標です。

2

子どもたちの主体性を係活動によって伸ばす

一学期の係活動決め。子どもたちには、「去年はどんな係活動があった?」という質問から始めてみました。

係活動といっても、その内容は様々で、内容が当番活動のようなこともあります。係活動も当番活動も学級活動に当たりますが、その違いをまずは確認しておきましょう。

【特別活動編】小学校学習指導要領（平成29年告示）解説より

（イ）係活動

係活動は、学級の児童が学級内の仕事を分担処理し、児童の力で学級生活を楽しく豊かにすることをねらいとしている。したがって、当番活動と係活動の違いに留意し、教科に関する仕事や教師の仕事の一部を担うような係にならないようにすることが大切である。例えば学級新聞係や誕生日係、レクリエーション係など、学級生活を共に楽しく豊かにするために創意工夫しながら自主的、実践的に取り組むことができる活動を行うようにする。

係活動は、「児童の力で学級生活を楽しく豊かにすること」が目的であり、「創意工夫しながら自主的、実践的に取り組むこと」が大切であることを子どもたちに伝えます。教科名が係になるようなことを避けなくてはなりません。

説明を聞いた子どもたちは、ワクワクした表情を浮かべて、

「先生、どんなことでもいいの？　学校が楽しくなるなら、本当にいいの？」

と聞いてきました。

残念ながら、何でもいいわけではありません。

自由の中には、他者の権利を守る義務も発生します。だからこそ、**注意すべき点を事前に子どもたちに指導しておくこと**が大切です。

例えば、個人情報やプライバシーの問題、相手を傷つけるような結果が予想される問題、教育課程の変更に関わる問題、校内のきまりや施設・設備の利用の変更などに関わる問題、金銭の徴収に関わる問題、健康・安全に関わる問題などが起こりそうなものは、係活動として認めることはできません。

このような問題が起これば、「学級生活を楽しく豊かにできない」ということを、子どもたちは自覚して、係活動を計画します。

自分がやりたいことが学校という場所で実現可能かどうかをよく考えて、係活動を計画する過程は、子どもたちのキャリア形成にもよい影響を与えます。一人では難しいけれど、友達と協力すればできるものもあるかもしれません。

一人ひとりの意思決定が尊重されるからこそ、**自己のよさを生かして主体的に活動することや、クラスの一員として力を発揮すること、学級や学校の生活の向上に貢献する喜びを学びます。**

結局、一学期の係活動（同好会と呼ぶことにしました）は、

- スクラッチ同好会
- お絵描き同好会
- 折り紙工作同好会
- 生きもの研究同好会
- ゆるキャラ作成同好会
- ミュージック同好会

が誕生しました。

これらの係がどのように活躍していくかは、また後ほど。

3

温かなコミュニケーションが生まれる折り紙制作

自己紹介で

「先生は、折り紙が大好きです！」

自己紹介のこの一言で、子どもたちは、「一緒や！」とか、「どんな折り紙が得意なん？」と休み時間にたくさん声をかけてくれます。

三人兄弟の真ん中で育った私は、一人遊びが大好きでした。よく塗り絵やパズルをして過ごしていました。折り紙も大好きで、ユニット折り紙などを一人で折って、大作を作っていたのを覚えています。そんな折り紙が、今では子どもたちとのコミュニケーションツールであり、学級づくりに欠かせないものになりました。

学活の時間

学級がスタートして二日目。早速折り紙を子どもたちとしました。

「四月と言えば？」

そんな言葉から授業を始めます。子どもたちは、「春」「入学式」「始業式」「お花見」「桜」など、次々と答えます。このような、**誰でも答えられる問いから授業を始める**ことは、とても大切なことですよね。自然と自分も考えてみようと思えます。

「四月に綺麗に咲く花は知っている？」

いろいろな花の名前を答える子どもたちに、「よく知ってるねえ！」や「それ本当に春？（笑）」などと言葉を返しながら、黒板に四月から連想した言葉を書いていきました。

折り紙で表現する「自分らしさ」

今回は、チューリップを折ることにしました。花の部分と茎の部分で、二枚の折り紙を使って作ります。とても簡単ですが、いろいろな色がある花なので、子どもの個性を出すことができます。

「好きな色のチューリップを折ろう」

ただこの一言だけで、折り紙に「自分らしさ」を表現することができるのです。

温かなコミュニケーションが生まれる瞬間

子どもたちは机をグループの形にして、私からチューリップの折り方を学びます。すぐにできる子もいれば、手間取ってちょっと遅れてしまう子もいます。

グループの形で折っているので、他の子の進み具合はすぐにわかります。私から「手伝ってあげて」と言わなくても、「誰か助けて」とヘルプを出せる子もいれば、「手伝おうか？」と声をかける子もいます。

折り紙は、自然と温かなコミュニケーションが生まれるツールなのです。できた作品を後ろの掲示板に飾りました。一人ひとりが一生懸命折った折り紙。頑張った証し。そして、協力した証し。

たかが折り紙。されど折り紙です。クラス全員分の折り紙で彩られた掲示板は、子どもたちが過ごす教室と同じです。折り紙は、自分の個性を主張しつつ、協調性を持ってそこに存在する子どもたちのよう。

「折り紙ってこんなに楽しかったっけ。またみんなで折りたいな」

毎月子どもたちと折り紙を折る時間は、心が和みます。それは、担任だけじゃなく子どもも同じようです。

4

授業で学級をつくりたい

「授業で学級をつくる」という言葉の意味を私が身をもって感じたのは、大阪教育大学附属池田小学校での垣内幸太先生の授業を見たときです。

垣内先生は体育を専門に学ばれていました。そして、「共創なわとび」の研究授業を見せてもらいました。

垣内先生の体育授業

始業のチャイムがまだ鳴っていないのに、子どもたちは、垣内先生のまわりに集まって、嬉々とした表情をしています。「早く！　早く！」と急かされる垣内先生。まるでテーマパークの開園待ちのよう。授業が始まるのを今か今かと待っている子どもたちに驚きが隠せませんでした。

チャイムが鳴るとすぐに準備体操……ではなく、縄跳びに関係する動きを扱った運動が始まります。短縄を使って二人でいろいろな跳び方をしていました。タイミングやリズムを合わせるのが目的です。子どもたちはいつもしているのでしょう。ペアの息がぴったりです。これまでに子どもたちがどのように学んできたか、ほんの数分で感じ取ることができました。

授業のメインは長縄です。グループで8の字跳びを連続で跳び続けます。ここでびっくりしたのは、**その方法を先生が教えない**ことです。

「こうやったらうまくいくよ」を教えるのではなく、自分たちで考えて、試して、話し合って、また試して、というように、試行錯誤しながらよりよい方法を探しているのです。

各グループで考えた方法を全体交流の場で子どもたちが発表します。学級全体でよい方法を導き出し、それを各グループで実践します。

二十回連続で跳べたら輪になって「ビクトリー！」と叫びます。先生も応援しながらできたグループと輪になって「ビクトリー！」と叫んでいます。次は三十回、四十回とどんどん高い目標にチャレンジ。授業が終わるまで至るところで「ビクトリー！」が聞こえ続けました。

研究授業はあっと言う間に終わりました。本当に、時間が一瞬で過ぎたように感じたのです。子どもたちも同じような気持ちだったのではないかと思います。多くの先生に見られていることなど気にする様子もなく、**仲間と、先生と、学ぶことを夢中で楽しんでいる**様子でした。

これが「授業で学級をつくる」ことなのだと、私はこのとき思ったのです。

「授業で学級をつくる」とは

みんなで学びに向かう。

仲間と協働する。

できた喜びをみんなで分かち合う。

わかったことを言語化して、学びを深める。

学級のみんながいたことが、今日の目標達成に重要だったことを実感する。

「このような体験を一日一回でもできたらクラスは大きく変わっていくんだろうな」

授業を見ていた私は、そう確信しました。

それから、私の授業づくりは、**子どもたちが学びを楽しめるような工夫をすること、そして協働するよさを実感できる活動を取り入れること**を大切にしています。

「授業で学級をつくりたい」

今でも垣内先生の授業は、私の目標です。

5

子どもの生活と学校がつながる

ある日、クラスの子が新聞紙に包んだ花を持ってきてくれました。

庭に咲いていたシャクナゲのお花です。ピンク色で、何枚もの花びらがふわふわと重なっていてとても綺麗だったから「教室のみんなに見せたい」と思って、持たせてもらったようです。

その子と「綺麗だね」「庭には他にどんな花が咲いているの？」などと話しているうちに、他の子たちも集まり始めました。

「うちでは薔薇《ばら》を育てているよ」「うちはあじさいがいっぱい」「咲いたら持ってきていい？」「花はないけど、金魚だったらいっぱいいる」「先生、虫を持ってきてもいい？」

花の話をしていたのに、なぜ虫……（笑）となるのですが、子どもたちの生活と学校がつながっていくようで、私は嬉しいです。

数日間、シャクナゲは教室の私の机の上で綺麗に咲いていました。水替えを一緒にしたり、少し枯れた花びらを一緒に取ったり、**いろいろな子どもたちとのコミュニケーションの場**になりました。そして梅雨の時期になると、別の子があじさいを持ってきてくれました。子どものの思いはつながるのですね。

6

子どもの実態に合わせた目標を

なぜ、目標がいるのか

前任校で勤めているときに、初めて言われた「なぜ、学級目標をつくっているの？」という言葉。

あまりに突然で、「え？　なぜって……なぜ？」と言葉を失いました。そのときの私は、学級目標をつくることが当然だと思っていたのですね。

なぜ当然だと思っていたのだろうと考えたら、おそらく「自分が小学生のときがそうだったから」という答えがしっくりきました。新しい学年になってまずやることは、自己紹介と学級目標決めだったのです。私は、深く考えずに「自分が受けてきた教育の再生産」をしていたというわけです。

小学生の頃から十年以上経っているにもかかわらず、教師は自分の経験をもとに教育を行ってしまうことがよくあります。前任校では、これを思考停止だと気づかせてもらいました。今では、**すべての教育的活動の目的や方法を今の子どもたちに当てはめて考えること**ができています。

5年生の子どもたちを数日間観察していて気づいたのは、ものすごく一生懸命学ぼうとするのですが、どこか不安そうで、自己選択が苦手だということです。

そこで私は、「学級」で一括りにするのではなく、**一人ひとりが目標を持って、少しずつでも行動が変わっていくことを願い、「個人目標」をつくる活動**を考えました。

「まずは、一学期、どんなことをできるようになりたい？　どんな人でありたい？」

と子どもたちに問います。

「学級」を主語にするよりも、「自分」を主語にされる方が、困る子もいます。でも、そこから目を背けていても、新たな一歩は踏み出せませんし、成長の一歩に気づかないこともあるのです。とことん自分に向き合うことでしか、自分は変えられないと私は思っています。

子どもたちの「こんな自分になりたい」をちょっとだけ紹介。

「自分のことをよく知って、それを追究して何事にも明るく前向きに取り組みたい！」

「足が速くなるために足が速くなる動画を見て競走に勝ちたい」

「何かの罪を犯した人に対しても差別などをせずに優しく接することができる人間になりたい」

「優しくて、勇気があって、友達思いな人になりたい。そのために困っている人がいたら助けて、できるだけのことはして、友達を大切にする！」

「期限を守れる人になりたい。そのために逆算して終わらせる」

「自分から話しかけて友達をつくる」

「勉強を頑張って、お母さんとお父さんを喜ばせたい！　だから全教科頑張る」

「みんなと仲良くして相手のことを知って優しくて面白い人になる」

「一人ひとりに『おはよう』や『ありがとう』を言えるようになりたい」

「自分の好きなことを見つけられる人になりたい。人に聞いて自分のよさを知る」


子どもたちの言葉から純粋さと力強さを感じます。この個人目標を教室後方の掲示板に貼りました。**誰がどんな人になりたいと思っているのかを知れば、みんなで応援できます。**支え合って、少しでもなりたい人になれるようクラスで頑張ります。

7

今日のめあてと振り返り

ある日、子どもたちが朝の会をしている最中に教室に入りました。

「おはようございまーす！」といつも通り入っていく私に、子どもたちは挨拶を返しながらにやにやしています。

いつもと違った雰囲気を感じて、「何かあったの？」と聞くと、クラスの男の子が、「見て見て！」とホワイトボードを持って駆け寄ってきました。

そのホワイトボードには、いつも一日の予定と一日のめあてが書いてあるのですが、その日のめあては、「ひぐち先生を笑かそう」となっています。

「何これ～」と言って笑う私に、子どもたちはご機嫌のにやにや顔。

日直の女の子が、

「先生、今日のめあてはこれでもいいですか？」

と聞いてきます。

「なんでこれにしたの？」

と聞くと、

「**みんなが楽しく一日過ごせる**と思って」

と言います。

「めっちゃいいやん。楽しみやわあ」

と返事をして今日のめあて決定。


めあてを決めるとき、今の自分たちよりも少し上の達成したいことや、できていたけどもう一度確かめておきたいことなどをめあてにするようにはじめに伝えていました。クラス目標を決めていなかったので、毎日ちょっとずつでも子どもたちが成長を実感できればいいな、と考えたのです。


子どもたちは、「一人一回発表する」とか「外で遊んで体力をつける」とか、「活発に話し合う」とか、ちゃんと目的意識を持ってめあてを設定していました。でも、「笑い」をめあてにしたのは初めてのことでした。

この日、私の机のまわりには、休み時間の度に入れ代わり立ち代わりいろいろな子どもたちが訪れて、ネタをしたりして笑かしに来ました。

私を笑わせられるかどうかよりも、子どもたちがみんな楽しそうに話をしているのを見る方が私にとっては幸せな時間でした。

終わりの会で、一日の振り返りをします。日直が、「樋口先生を笑わせた人？」とみんなに聞くと、ほとんどの子が手を挙げて、「楽勝やったわ」と言っていました。ほんまかい（笑）。私は、「確かにいっぱい笑ったからめあては達成！　でも、私がみんなを笑わせた回数の方が絶対多いと思う」

と言っておきました。

きっと世の中の先生はそうなんじゃないかと思います。先生が先に笑うのではなく、子どもが笑っている姿を見て先生も笑うんです。だから、毎日いっぱいボケて、いっぱいツッコみます。

「子どもたちを楽しませたい」

それが私の毎日のめあてです。

8

国語の授業開きでは子どもの姿勢から学び方を伝える

国語の授業開きは、教科書の巻頭詩を扱いました。教科書の題名にもなっている『銀河』(光村図書)という詩です。

まずは、丁寧に黒板に詩を書き、子どもたちも視写していきます。(集中力がすごい……)と思っていたら、思わず声に出てしまいました。

「みんなすごい集中力。書くときに、シンとなれるの素敵だね」

授業において、静と動を意識して活動を取り入れることは大事だとよく言います。聞いているだけの授業ではいけないし、動いてばかりなのもいけない。一時間の授業をつくるときには、もちろんこのことを意識して学習内容を考えます。しかし、子どもたちは私に指示されることなく、自分たちで学ぶ雰囲気をつくっていました。

「こんなふうに学んでほしい」という教師の願いを一方的に伝えるのではなく、**子どもの姿から、「その学び方素敵だね」というのをたくさん見つけて伝えていきたい**といつも思っています。その方が、思いが伝わる気がします。そして、子どもたちも気持ちよく学べるのではないかと思うのです。

視写を終えた後、こう言いました。

「お気に入りの一文を見つけて、線を引いてみて」
「書けそうな人は、なぜその一文を選んだのか、線の横に書いてみましょう」

子どもたちを見ていると面白いです。
すぐに「もう決めている！」という子。
「え～迷う～」と心の声が漏れまくっている子。
じっくりと考えている子。
悩むことなく「先生！　二つでもいいですか！」という子。

教室にはいろいろな子がいます。見た目も性格も違いますが、**考え方や学び方が様々であることが一番面白い**と私は思っています。

考え方や学び方が違うからこそ、交流が面白い。この後、お気に入りの一文交流をするとどうなると思いますか。

そうです。黒板に書いた詩にいっぱい線が引かれて、そこに子どもたちの思いが溢れます。

さらに、いつの間にか、子どもたち同士で意見を結びつけて深めていく姿が生まれ、子どもたちのノートの「一文を選んだ理由」も少しずつ豊かになっていきます。

教室で、複数で学ぶことは本当に面白いです。


最後に、「なぜ、この詩が巻頭にあるのだろう」と発問をしました。

今までよりもぐっと考え込む子どもたち。ノートに自分の考えを書きます。初めて読んだときよりもたくさんの気づきを得た子どもたちは、次のように発表してくれました。


「星たちにも、人間にも、一つ一つに意思があることを伝えたい」

「ぶつかり合い、重なり合っていろんなことにチャレンジする5年生になってほしい」

「同じものでも見方を変えれば違いがある。個性を大切に」


このクラスの子どもたちと学ぶのが、さらに楽しみになりました。

9

社会科では世界地図を大きく描いてみよう

社会は世界の国土からスタート。私は黒板いっぱいに、子どもたちはノートいっぱいに世界地図を描いてみました。

大陸名を学ぶところなので、そんなに細かい地図を描く必要はありません。そもそもタブレットですぐに送信できるので、地図を描く必要はないのですね。でも、**子どもたちと日本を真ん中に世界地図を描くことで気づくことがたくさんあります。**

- 日本が小さいこと
- 日本が島国であること
- ユーラシア大陸がとても大きいこと
- 南極大陸はあっても北極大陸はないこと
- 大陸と大陸の間にはスエズ運河やパナマ運河があること

地図を描きながら子どもたちの呟きが広がっていくのが楽しいです。黒板に描いた地図にグループごとに競い合って知っている国名を書き込んでいくゲームもおすすめです。

社会科の見方・考え方を働かせながら、子どもたち同士で学び合う雰囲気をつくりましょう。

10

道徳で考える、生きていく上で大切なもの・ことBEST3

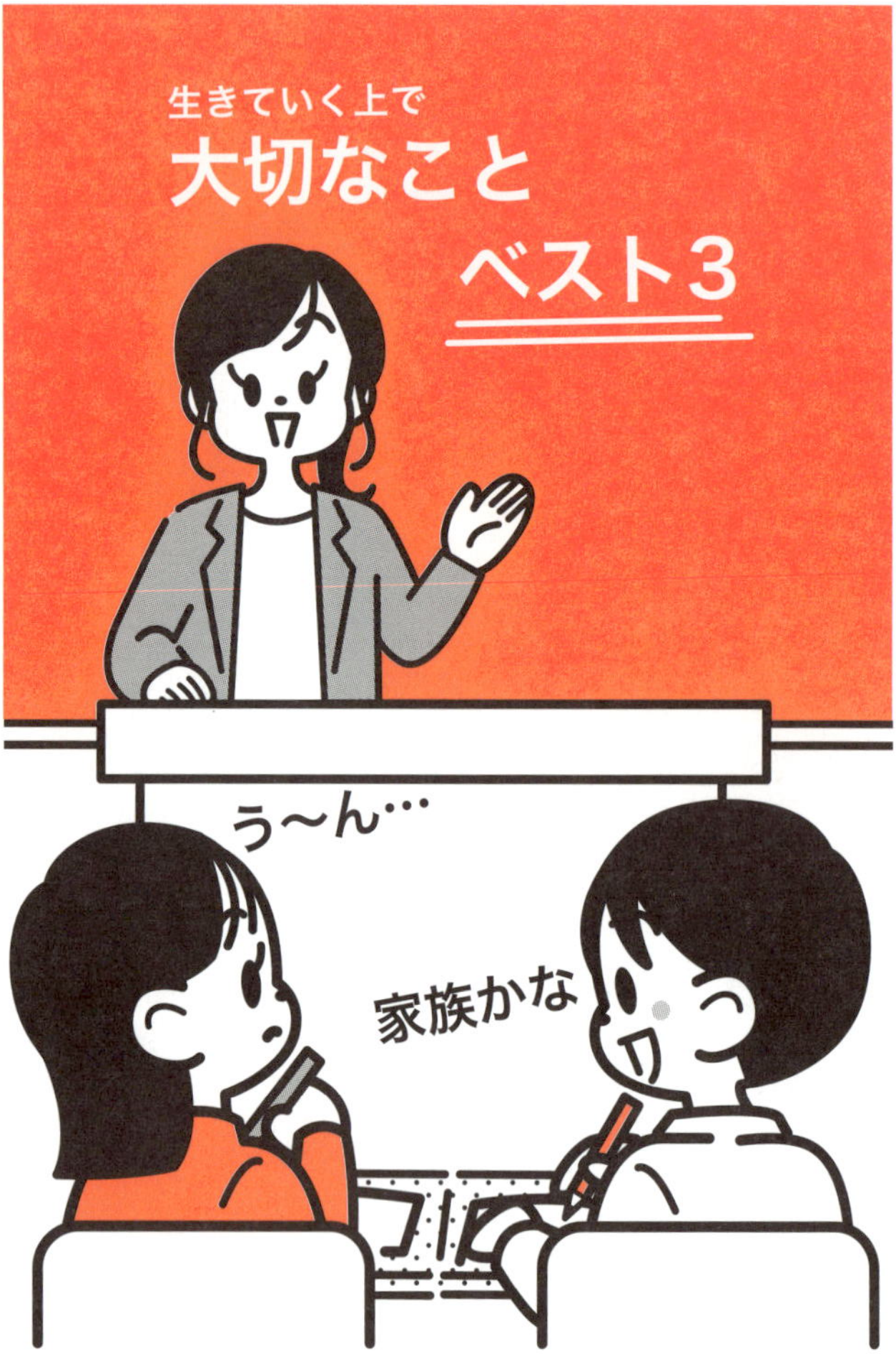
生きていく上で
大切なこと
ベスト3
う〜ん…
家族かな

「あなたが生きていく上で大切なもの・ことを三つ挙げてください」

と言って、授業を始めます。

唐突な質問に、子どもたちは少し戸惑いながら、ノートに考えを書き始めます。

書いた後、ペアやグループなどで話していると、自分との違いを子どもたちは自然と認め合いながら対話をしていました。

全体で交流する際は、列指名で子どもたちにどんどん「生きていく上で必要なもの・こと」を発表してもらい、授業者はそれを四つに分類して板書しました。最後にその四分類の観点を子どもたちに提示します。

- **主として自分自身に関わること**
- **主として人との関わりに関すること**
- **主として集団や社会との関わりに関すること**
- **主として生命や自然、崇高なものとの関わりに関すること**

これら四つの観点は、道徳科で扱う内容項目を四つに分類したもので、よりよく生きていく上で大切にしたい視点です。自分が書いた「生きていく上で必要なもの・ことBEST3」と比べながら今後、道徳の授業を通して考えていきたいことをまとめます。

11

家庭科はおうちの人とつながり合いながら

五月に宿泊行事を控えた子どもたちのために、家庭科を担当してくれている先生が早めに調理実習を計画してくださっていました。

宿泊行事までに調理実習では、「卵をゆでる」「ほうれん草をゆでる」「カラフルゆで野菜」をします。なかなか大変そうです。

子どもたちは、この計画にウキウキ。5年生の子どもたちは、初めての家庭科、初めての調理実習がとても楽しみなんですよね。家でよく手伝いをしている子は、力を発揮するチャンスですし、やったことがない子は、新しいことに挑戦できると目を輝かせます。

そんな子どもたちの成長のチャンスを逃すまい！と、私は意気揚々と子どもたちの姿をカメラに収めに行きました。

でも、一回目のゆで卵は、なんとも絵面がシンプル（笑）。そりゃそうですよね。家庭科としては教えるべきことがたくさんあって、緊張感を持って調理実習をしています。一番はじめは、ゆで卵というシンプルなものだからこそ、コンロや調理器具の使い方、食器などの収納場所、準備や後片付けのポイントなどを丁寧に説明できるのだと思います。ということで、子どもたちの姿をカメラに収めるのは二回目にリベンジすることに。

次は、ほうれん草をゆでていました。ここでは、家庭科室の使い方に少し慣れた子どもたちが生き生きとした表情で調理実習を楽しんでいました。調理をしているときの役割分担もばっちりです。ゆでている様子を見ている子、洗い物を先に片付けている子、盛り付け用の食器を準備している子など、視野が広がっている証拠ですよね。

ゆでたほうれん草を絞って、包丁で二つに切って盛り付けをし、少し醤油をかけて私に提供してくれました。盛り付けのこだわりをシェフからたっぷりと聞いて、ようやく実食。

とてもおいしかったです。

子どもたちは、満足そうに少し照れた表情を浮かべて喜んでいました。

次の「カラフルゆで野菜」では、さらにじゃがいもやニンジンなどもゆでました。それらを色のバランスを考えて食欲をそそられるような盛り付けをして職員室まで持ってきてくれました。

「樋口先生見てー。映えてるー。写真撮ってもいいよ」

と渡されました（笑）

持ってきてくれる料理はもちろんおいしいのですが、そのときに子どもたちと交わすちょっとした言葉や子どもたちの表情が普段の授業ではなかなか見られない、とても豊かで満ち足りたものであることが私にとっては最高の料理です。

家庭科は、子どもたちの生活と密接に関わっています。だからこそ、生活経験が乏しい子は、いろいろと戸惑うこともあるかもしれません。それを**学校で一つずつ丁寧に教えてもらえることは、子どもたちがこれから生きていく上で大切な力になっていくでしょう。**

また、協力して調理をすることは、すぐにやってくる宿泊行事で生かされます。三回の調理実習の後、家でカレーを作る宿題が出ました。学校で学んだことを早速、家でアウトプットします。調理の様子や感想を書いたワークシートをタブレットで提出するのですが、おうちの人が、その様子にコメントを入れてくれました。

「今まで作るのを見ていたせいか、とっても上手に手際よくできていました。小さいときは皮剥き器を使うのに苦戦していましたが。今では難なく使いこなしていたのでびっくりしました。おかげで私は何もせずカレーを食べることができました。ありがとう」

家庭科は、おうちの人とつながり合いながら進めていける素敵な教科ですね。

12

図工はうまさじゃない、個性なんです

図工の時間は、何をしていますか。

私は全力で作品づくりを楽しんでいます。もちろん、子どもの安全面への配慮や、素敵な気づきを広げること、素材の生かし方などの助言や評価はします。でも、クラスの子どもたちの実態には、この**「全力で作品づくりと向き合う」という姿を見せること**が一番だったのです。

クラスの子どもたちは、何かと自分で判断することが苦手な子が多く、協調性は高くても、個性をなかなか出せませんでした。だからこそ係活動や個人目標など、自分のよさに気づいたり、成長を実感できる取り組みを続けてきました。

そして、図工の時間はその個性を伸ばす最適な時間だと判断したのです。

常日頃から私は思っていました。

似たような絵や作品が並んでいる面白みのなさを。

同じ指導をして同じような作品が出来上がるつまらなさを。

そして、まずは私がその枠からはみ出そうと考えました。

子どもたちに、作品づくりのテーマや手順などを説明した後は、私も作業に入ります。悩んでいる子のところへは行きません。

でも、少し時間が経つと、私の机を子どもたちが覗きに来ます。

「絵がうまい」

「あ、はみ出している。いいの？」

「この角度面白い～」

と呟いたり話しかけてきたり。私は決まって、

「好きにするのが一番！」と答えます。素直な子どもたちは、

「いいね！　私もやってみよ～っと」と少しずつ「こうしなきゃいけない」から解放されていきます。

子どもたちがたくさん褒めてくれるので、私も褒め返しに行きます。さっき褒めてもらったよりもいっぱいの愛情と願いを込めて。

そんな図工を続けていると、いつの間にか子どもたちが黙々と作品に向き合うようになり

ました。そして、「作品は個性や！」と、私の声かけも少しずつ子どもたちに浸透していきました。

作品が出来上がると、いつも写真を撮って、頑張ったところとともにカードを提出していました。このカードにも変化が表れました。今まではただ出来上がった作品をタブレットで撮っていただけなのに、その作品らしさが出る場所や背景を考えて撮影するようになりました。そして、頑張ったところのコメントも、文字数が増え、作品への思いを書けるようになったのです。

個性が光り出すと、鑑賞の時間がとても楽しくなります。

その子らしさを感じ取って、**子どもたち同士でファンレターを送る**ようにしました。自分にしか作れない作品を褒めてもらった子どもたちは、自分自身を褒めてもらったように嬉しそう。

図工はうまさじゃない。個性なんです。

13

「反応あいうえお」を作ろう

授業が始まっておよそ一カ月。子どもたちが新しいクラスに慣れてきた頃、私は、休み時間に画用紙とペンを出してきて、教師用机でせっせと掲示物を作っていました。

子どもたちが次々に近づいてきます。

「先生、何作ってるの～？」

「みんなのための掲示物だよ」

「え、何やろう……一緒に作りたい！」

子どもたちは、自分たちのためと言われてもピンときません。

「じゃあ、ちょっとお手伝いしてくれる？」と言って、一緒に作り始めました。

掲示物は、「反応あいうえお」です。作りながら、子どもたちは、

「あ～。確かに必要やわ」なんて呟いています（笑）。そうだよね、私が毎日のように「友達の意見に反応しようよ！」って言っているもんね。きっと、（ついに先生掲示物作ることにしたんか……）って思っているよね。はい、その通りです（笑）

あ：あ～！　い：いいね！　う：うんうん。う～ん。　え：え？　え？！　お：お～。

前の掲示板には何も貼っていませんでしたが、今日から「反応あいうえお」が掲示されました。毎日、しっかり意識してもらいます！

14

初めての参観は自分が一番好きな教科を

初めての参観授業はよく国語の授業をします。若いときは学年の先生と同じ教科、同じ内容の授業をしていました。学年で相談して、五クラス全部同じ、なんてこともありました。それが普通ではないと知ったのは、二校目に異動したときでした。

二校目での初めての参観日を前にして、当時の校長先生が次のようにおっしゃいました。「参観での発表会はなしです。保護者は自分の子どもだけを見に来ているわけではありません。先生のことも見ていますよ。授業で安心させられるように」と。

参観の目的は、子どもたちが普段どんな様子で学習をしているかを知ってもらうことにあります。だから私は、子どもたちが落ち着いて学習し、発言の機会をつくって、おうちの人に見てもらう授業をいつも考えていました。発表会をしようと思っていたわけではありません。でも、校長先生の言葉を聞いて、**しっかり自分の授業力と子どもたちの学ぶ姿勢をアピールできる場にしたい**と考えるようになりました。

それからの私は、初めての参観では、自分が一番好きな教科である国語の授業をすることが多いです。子どもたちも保護者も楽しませられるように、授業の流れや板書、発問を綿密に計画します。

皆さんもぜひ、参観日には自分の得意分野で挑戦してみてください。

15

作家の時間　開始！

私は、二〇一五年から「作家の時間」というワークショップ型の書くことの学習法を実践しています。大阪教育大学教授の住田勝先生に教えていただいたことがきっかけです。

住田先生は、物語創作について熱心に研究されており、「作家の時間」は物語を書くことを通して構造的に読む力を身に付けたり、お話の仕掛けを読み解いたりする力がつくとおっしゃっていました。でも、実践するにつれて感じた最大の魅力は、**「子どもたちが楽しく書く姿に出会えること」**でした。

二〇一五年から毎年子どもたちと「作家の時間」を行い、公立小学校へ異動すると、学校研究として「作家の時間」に取り組むことになりました。

二〇二二年度に担任をした5年生は、3年生から「作家の時間」に取り組んでいたので、今年で三年目です。年間三十五本のレッスンを受けてきた子どもたちは、物語を読むための観点を習得してきただけでなく、それらを活用して物語を書くことができます。

「今年も『作家の時間』が始まるよ！」と言うと、「もう書きたいことは決まっている！」という子がたくさん。春休みの間も考えていたのですね。

学校全体で取り組むよさを感じます。書くことの研究はすぐには結果が出ません。長い時間をかけて、こつこつと積み重ねることが大切なのですね。

16

「作家の時間」はなぜ楽しいのか

作家の時間（「ライティング・ワークショップ」）とは

「ライティング・ワークショップ」は、一九八〇年代から欧米で広がり始めた授業法で、「書く活動」をワークショップ形式で取り組ませるものです。日本では、「国語」の教科の中で、物語文や説明文を読んだり、文章を書いたり、言葉のきまりについて学習したり、話すことや聞くことの力を養ったりと、多くの内容が含まれますが、アメリカでは「作文の時間（ライティング・ワークショップ）」と「読む時間（リーディング・ワークショップ）」に分かれ、それぞれ六十分の授業時間になっています。

日本で実践するに当たり、『作家の時間：「書く」ことが好きになる教え方・学び方（実践編）』（二〇〇八・新評論）を熟読し、四十五分の授業時間に合うように進めたり、朝学習の時間を生かして帯学習として取り組んだりしてきました。

「作家の時間」の一時間の流れ

1. ミニレッスン（五〜十分）
2. ひたすら書く時間（三十分程度）
3. 振り返り（五分程度）

「ミニレッスン」は、書くために必要な知識や技を短時間で教える時間です。

「ひたすら書く時間」には、子ども同士や子どもと先生との相談も含みます。アドバイスや相談をし合うことで、思考を刺激し合って、より想像力を広げたり、書く力を高めることにつながります。

「振り返りの時間」には、「作家先生」を子どもたちの中から選び、作家先生がレッスンを聞いて工夫したことや、今書いている作品についての紹介、出来上がった作品を読み聞かせたりする時間にします。

「作家の時間」に必要なもの

①作家ノート一冊
②作家ファイル一枚

ノートとファイルを「作家ノート」と「作家ファイル」と呼ぶことで、さらに子どもたちの意欲を高めます。

ノートは、先生が集めて内容をチェックすることはありません。子どもたちが、レッスンの内容や、構想したことを書き留めていくためのノートです。ファイルは、ノートに書いた内容を原稿に清書したものを保管しておくために使います。
ノートやファイルを置いておくための、作家コーナーを教室のどこかに作っておくと、必要なときにすぐに取り出して「作家の時間」を進めることができます。

「作家の時間」はなぜ楽しいのか

一つ目は、**「出来上がった作品は、製本され、みんなに読んでもらえる」**ということです。先生に提出する日記、夏休みに突然課せられる読書感想文、出したまままなかなか帰ってこない行事作文……など、何かとネガティブな印象がある書くことの学習と違い、「作家の時間」は、そもそも誰かを楽しませるために書くものであり、読者は教室にいる友達です。書いた作品の感想をすぐにもらえることは、子どもたちにとってとてもやりがいがあるようです。

二つ目は、**「書くためにレッスンがある」**ということです。毎回のレッスンの内容は、普段の国語の授業とは違い、書くための技を短い時間で明確に伝えるため、楽しみにしている子どもたちが多いです。レッスンが終わるとすぐにその技を使って書くので、書くことに慣れ、学習の積み上げを実感しながら進めていくことができます。

17

「作家の時間」を楽しく継続するための教室環境

「作家の時間」を楽しく継続していくためには、

- **教師の言葉かけ**
- **子ども同士の認め合い**
- **教室環境**

の三つが大変重要であると考えています。

その中でも三つ目の「教室環境」は、教師の工夫次第で多くの子どもたちに自然と「作家の時間」の面白さを届けることができます。

①学級文庫

学級文庫は、子どもたちが言葉をインプットする辞書のようなものです。そのため、「作家の時間」に活用できるように、次のような本を置いています。

- 慣用句やことわざなどを学べる本
- 類語辞典
- 詩人や小説家になるための本
- イラストの描き方の本　など

イラスト本は挿絵を描く力が高まるので大人気です。

②ブックスタンド

本が前向きに置かれていると、表紙がよく見えて、本を手に取りやすくなります。製本した本を新刊から順に並べると、子どもたちが友達の作品に興味を示して、読書量も増えます。百円ショップのブックスタンドがおすすめです。

③付箋

子どもたち同士で製本した作品にファンレターを書くために使います。作家の作品のすぐ近くにあることで、読んだ感想を書きやすくします。ファンレターは、作品の裏表紙に貼るようにしています。

④原稿用紙ボックス

原稿用紙は、先生に言ってからもらうシステムではなく、自分に必要なレイアウトの原稿用紙を選んでいつでも取れるようにしています。そうすることで、より作品への思いも強くなります。

子どもたちが選びやすいように、数種類の原稿用紙を一つのボックスへ収納しています。

⑤人気作品の見える化

製本した作品がすぐにわかったり、ファンレターの多い作品を人気作品として紹介できたりするために、掲示板を活用します。

これまでに行ったのは、

- 模造紙に作品カードと付箋を貼る
- 印刷用紙に作品カードと付箋を貼って、ファイルに綴じる

という見せ方です。

どちらも、模造紙や印刷用紙が増えていき、子どもたちの頑張りが見える化できる取り組みとなりました。

書くことが楽しくなり、友達の作品を読みたくなる教室環境づくり、ぜひ試してみてください。

18

高学年のトラブル対応

高学年のトラブルは、パッと見ただけではわかりにくいものが多くあります。一見普通に話をしているように見えても、そこに負の感情が渦巻いていることや、言いたくても言えない不安を抱えていることも。

子どもたちの微妙な変化に気づくには、**普段から子どもの様子に気を配ること、子どもの表情を見ること**が大切です。

ある日、二人の子の様子がおかしく、その様子を観察していました。

休み時間にこそこそと廊下で何か話をしています。いつもなら真っ先に外遊びに行く二人なのに。普段は明るく話す二人が、授業中も浮かない顔をしているので、何かあったのだろうとは感じるものの、言いに来る様子はなく、次の休み時間も同じように教室の隅で何か小さな声で話しながら、時々まわりをうかがっています。

こんな様子を見たとき、その場ですぐに話しかけることもありますが、私はちょっと離れて二人の様子を見ていました。その矛先が、私なのか、クラスの子どもなのか、また別にあるのかを見極めてから話をしたかったからです。

高学年のトラブルは友達同士であることが多いですが、対教師ということも少なくありません。担任に対して不満を持っているのであれば、私がそれを直接聞きに行ったり叱責したりすることは、さらに関係を悪化させる可能性があります。つらいことですが、その場合は、**他の先生に入ってもらう**よう相談します。

このときは、二人の視線の先が同じクラスの子どもだったので、何かトラブルがあったのだろうと推測しました。そこで、二人にそっと声をかけて、別室に移動してもらいました。

落ち着いて話ができる場所へ移動する

高学年は、みんなの前で注意される、叱られる、褒められるといった目立つことを気にする子どもがいます。そっと声をかけて静かに話ができる場所に移動するようにします。このとき、扉を閉めないこと（密室を避ける）や、必要があれば複数の教師で話を聞くなど、子どもに恐怖心を与えないよう配慮します。例えば、次のように話を切り出します。

「休み時間に二人が小さな声で何か話しているのを見ていたんだけど、何かあった？　授業中も元気がなさそうだったから気になっていたんだよ」

寄り添いながら話を聞く

二人はポツポツと話し出しました。最後まで二人を否定することなく、相槌を打ちながら話を聞きます。二人の気持ちに寄り添いながらも、担任として意識するのは中立の立場です。加害者や被害者がいる場合も、中立の立場で話を聞くように意識します。

一方からの話だけでは判断できないという理由もありますが、子どもたちが何らかの事情ですべての内容を担任に打ち明けていないこともあります。話してくれたことがすべての情報だと鵜呑みにせず、冷静にトラブル全体を見ることが大切です。

最後まで話を聞いた後は、悩んでいたことに寄り添いながら、問題を解決する道筋を伝えます。

解決の道筋

高学年は、ダメだとわかっていることを強く注意されることに反発心が芽生えます。「そんなこともわからないの」と責めるのではなく、「ダメってわかっていたんだよね。次は、よい判断ができるといいね」と、次の行動につなげられるよう意識しましょう。

19

「気になるあの子」との向き合い方

どの教室にもいる「気になるあの子」。

一人目は、学校を休みがちなあの子。

よく寝坊をします。おうちの人から、朝申し訳なさそうな電話が入ります。おうちの人にも仕事があって、朝バタバタとしている時間。私は、「メールでお知らせください」とメールアドレスを渡しました。それだけで安堵の表情。きっと、私の想像もつかないぐらい、たくさんの心配事を抱えているのだろうと想像できました。

毎日遅刻するわけではありません。でも、遅れずに来た日も眠そうにしています。昼夜逆転の生活。夜は親の目を盗んでゲームをしているのかな。それでも学校に来てくれるとほっとします。

もし、**クラスに不登校の子がいたら、その子のありのままを受け止めたい**と思っています。私もそうしてもらったように。自分自身には、不登校になってしまう理由がわからないこともありますから。理由がわかっていても、今は受け止められないことも。

きっと、解決方法は一つではないのでしょう。いつ、そのときが来るのかもわからないので、その間、担任としては、とてもつらいです。自分の無力さに打ちひしがれます。でも、もっと苦しんでいるのはきっと本人とおうちの人です。

二人目は、いつもうつむきがちなあの子。

家が面白くないと言います。親とは話が合わないと。昨年からどんどん目つきが鋭くなってきていました。

ある日、壁に落書きがありました。何日も何日も続きました。その度に、消しました。張り紙もしました。でもまた落書きがされるのです。クラスの子どもたちが少し不安定になりました。なぜこんなことをするのだろうと、みんなわかりません。

そんなとき、私は子どもたちに言いました。

「きっと、落書きをしている子も苦しいんじゃないかな。ものすごくもやもやして、どうにかしたいんだけど、方法がわからないのかも。その子の気持ちが少しでも晴れるといいよね」

そう言うと、子どもたちも「そうだね」と。壁を汚されて嫌な気持ちがしているのをぐっとこらえているのがわかります。

「なんで、私に相談してくれないんだろう」

そんな思いが渦巻きます。きっとあの子だってわかっているのに、毎日声もかけているのに、行動は収まりません。ついに書いているところを見つけて、二人でじっくり話をしたその日から、その子の表情は少しずつ明るくなりました。

教師の仕事は孤独だと言う人がいます。本当にそうでしょうか。子どもたちを見守る大人は一人ではありません。いろいろな人が関わっているのですから、**すべての責任を自分にあると思い込む必要はありません。**責任感が強いことはその人のよさではありますが、時と場合によります。

つらいときは、学年の先生やスクールカウンセラーに話を聞いてもらいました。心がすっと軽くなるときもあれば、思いっきり泣きたくなるときもありました。一人で抱え込むことは絶対にしませんでした。それが自分を追い詰めるとわかっているからです。

悩んでも仕方ないと思えたとき、おいしいものを食べて元気を出そうと誘ってもらえたとき、思いっきり泣いて受け止めてもらえたとき、また明日から頑張ろうと思えます。

20

本がある教室

樋口学級には大量の本があります。半分は私が研究のために購入したもので、もう半分は趣味で集めたものです。また、学校で用意されているものもあります。担任する学年によって内容を入れ替え、可動式書棚や教室備えつけの棚に入れています。

本は、学びと子どもたちをつなぐもの。そして、子どもたち同士をつなぐもの。私はそう思って、授業の中でも本の紹介や教材開発を積極的にしています。

５年生の学級文庫でおすすめなのは、以下のシリーズものです。

- 『ぼくらの七日間戦争シリーズ』（宗田理作）
- 『獣の奏者シリーズ』（上橋菜穂子作）
- 『十年屋シリーズ』（廣嶋玲子作）
- 『学習まんが　世界の伝記シリーズ』

一冊読んで面白いと思えば、どんどん次の本を読むようになります。また、お話ではない本もたくさん置いていました。例えば、以下のような本です。

- 絵がうまくなる本
- 工作の本
- 折り紙の本
- 詩を書くための本
- 類語辞典シリーズ（感情・場面設定・職業設定など）

これらは、休み時間などに楽しんだり、作家の時間を充実させるための本です。

学級文庫があると、本を通したコミュニケーションが広がったり、授業の中で本を使って探究的に学ぶ姿につながったりします。

21

委員会活動の事前指導

5年生になると委員会活動が始まります。委員会を決める前に、子どもたちに伝えたことを紹介します。

①一週間以上前に、各委員会の役割と決め方を伝えておく

委員会の種類や役割を事前に伝えておき、どれに入りたいか考える時間を取るようにします。委員会は係活動と違い、一年間変わらないものなので、**しっかりと自分で一年間頑張れるものを選択してほしい**からです。委員会は児童会活動になるので、決め方などは事前に伝えておき、欠席児童がいたときなどにも公正に対応できるようにします。

②6年生がすることを知らせる

一年経つと、すぐに6年生として5年生を引っ張っていく立場になります。委員長の役割や、5年生のサポートなど、具体的に話しておくことで高学年の自覚を持って参加することができます。

③委員会の意義と、一年間の見通しを持たせる

委員会は児童が主体となって学校運営に携わり、自分たちの学校生活をよりよくするために行うものです。委員会主体で行われる学校行事やイベントを知っておくと、子どもたちが意欲的に委員会活動に参加してくれますよ。

22

教師と子どもの適度な距離感

実習生が来て一週間。子どもとの関係性ができてきたのですが、子どもが実習生に甘えるような様子が見られます。これは、何が原因なのでしょう。

実習生には、休み時間はできるだけたくさんの子どもたちと話ができるように、毎日どこで過ごすかを決めてから行動するようにアドバイスをしました。短期間でいろいろな子どもたちとの関係をつくるためです。教職経験のない実習生の授業を成立させるには、子どもたちとの関係づくりが欠かせません。これは、担任になってすぐの頃にも言えることです。経験だけでは、よい授業はつくれません。

実習生は、休み時間に多くの子と接して、関係性をつくっていきました。子どもたちと年が近いこともあり、家での話、友達との話、恋愛の話など、私が知らない話もどんどんするようになります。そうすると、**教師と子どもの距離が近くなりすぎてしまった**のです。関係性をつくる過程で、学級経営に適した程よい距離感をつくるのは難しいことです。

私は、あえて授業中と休み時間で子どもとの話し方を変えたり（授業中は丁寧語を使う）、呼び方を変えたり（休み時間は子どもが呼んでほしい名前で呼ぶなど）して、**授業と休み時間の切り替えができる**ようにしています。

子どもたちとの適度な距離感、意識できていますか。

23

「反応する力」から「話し合う力」にレベルアップ

「もう反応はばっちり。だから次は話し合う力を高めていこう！」

毎日日直が帰りの会のときに、「今日のめあて」に対する「振り返り」をしてくれます。めあてを意識して行動できたか、達成できたかを問い、一人ひとりが自己評価をします。自己評価は尊重され、誰かを責めることは絶対にしない分、もし自分自身に反省すべき点があった場合は、次の日にその反省を生かすよう話をしていました。

四月に「反応する力」の掲示物を作り、子どもたちに日々意識させてきましたが、これを「今日のめあて」にすることもたくさんありました。すると、日々反応する力は高まっていき、もう声をかけなくても自然とできるようになっていたので、冒頭の言葉を子どもたちに伝えたのです。

私は、「反応する力」の掲示物を外して、「話し合う力」の掲示物を作成しました。

- **レベル1［広げる］質問する。自分の考えを持つ。**
- **レベル2［整理する］考えの共通点や相違点を見つける。**
- **レベル3［深める］立場が違う人と話して考えを深める。**

自己肯定感や自己有能感を育てるため、子どもたちが日々**自分たちの現在地を確認して高め合える環境をつくること**を大切にしています。

24

長距離バス移動の心得

「先生、限界です……」

バスの車内。目的地まであと少し。グロッキーな表情を浮かべるMさん。

そんなこともあろうかと、私はありとあらゆる備えをしていました。

長距離バス移動の心得

①酔いやすい子どもは前方の席へ（できるだけ目が届く席に座ってもらう）

②酔い止めは朝家を出るときに服用してくること（服用から三十分～一時間ぐらいで効く）

③体を締め付けているものは外す（シートベルトはきちんとする）

④バスレクはしない（無理をして参加すると酔う）

⑤乗車直後から音楽やＤＶＤを流してもらう（寝ると酔わない）

⑥嘔吐用のエチケット袋を準備（新幹線や飛行機でもらえるものが大活躍）

⑦熱中症予防用のタブレットを準備（唾液を分泌させる）

⑧乗り物酔いに効くツボを押す（知っておくと便利）

Ｍさんは無事に目的地まで着くことができました。もし最悪の事態になってしまえば、Ｍさんの心のケアも必要になります。備えあれば憂いなし。教師があたふたすると子どもは余計に不安になるので、**長距離バス移動には入念な準備をして**臨みましょう。

25

宿泊行事① 部屋割りで気をつけたいこと

5年生の一大イベント。自然学舎！　初めて行く宿泊学習に子どもたちは期待と不安を入り交じらせていました。

楽しいことばかりならいいのですが、担任としては気をつけたいことがたくさんあります。その一つが部屋割り。担任が頭を悩ませるもののナンバーワンではないでしょうか。

部屋割りは、

- 子どもが話し合いによって決める
- くじ引きで決める
- 担任が決める
- 出席番号など意図が入らないようにして決める

など、いろいろな方法があります。どれを選んでも揉めるリスクはありますが、そのリスクをできるだけ最小限に抑えたいですよね。

私が選択したのは、「担任が決める」です。事前に子どもたちの友人関係を把握し、一人ひとりが安心できるグループを組みました。子どもによっては自分たちに決めさせてほしいという子がいます。親も同様に。しかし、**担任以上に全体のバランスを考えて決められる人はいない**と思うのです。そう子どもたちに伝え、納得してもらいました。

26

宿泊行事② 野外活動で気をつけたいこと

担任として気をつけたいこと、二つ目は野外活動です。グループワークなどになって、担任の目を離れることも増えます。だからこそ、グループ編成は部屋割りと同様、とても重要なのです。

まずは、グループに一人、**リーダーシップを取れる人がいるか、あるいはみんなの意見を聞きながら進めることができる人がいるか**がポイントです。リーダーシップは、先頭でなくても構いません。しんがりで支えるタイプもいるはずです。

そして、**事前に起きるかもしれないトラブルを子どもたちに伝えておく**ことも大切です。怪我をした、道に迷った、飲み物がなくなったなど、子どもたちの安全性が確保できない状況は一番避けたいトラブルです。このような事態の対処法を具体的に説明しておくようにします。

一方、命にかかわることではないですが、ケンカが起きたり、誰かが単独行動を取って困ったりするということも起きます。このときの方が子どもの精神的なダメージは大きいかもしれません。野外活動の目的（例えば、「協力」や「思いやり」など）を子どもたちと事前に十分確認し、グループで動くことの意義を考えさせるようにしましょう。

27

宿泊行事③ 就寝準備・就寝中に気をつけたいこと

てきぱきと就寝準備ができるグループとそうでないグループがあります。朝、起きるのが遅くなっても間に合うように、子どもたちに常に部屋の整頓を心がけるよう促します。

一日目の夜は、これまでの緊張、移動や活動の疲れで子どもたちは体調を崩しやすくなります。担任として子どもたちの体調に気を配りつつ、子どもたち同士でも互いに表情を見て過ごすように伝えておくようにします。

服薬や夜間にトイレに起こすことなど、必要事項を念入りに確認し、見落としがないように注意します。

もし、時間ができたら、ぜひ**子どもたちと少しでも会話をしてみてください。**部屋ごとの集合写真を撮るときなどに、一緒にカードゲームをしたり、恋バナをしたり、すべらない話をしたりするなど、先生も一緒に楽しむ時間をつくります。

子どもたちにとって、学校のみんなで宿泊するのは、特別な思い出です。そこへ先生とのちょっとしたエピソードが加われば、教師も子どももも一緒に一年間前向きに過ごしていける糧となるでしょう。

28

宿泊行事④ 帰ってきたら……

無事、宿泊行事が終わってほっと一息。まだ少し疲れが残っている様子で登校してきた子どもたちと、朝から学級会。

まずは、子どもたちの頑張りを労いたいですね。きっと、私が見ていないところでも子どもたちは気を張って頑張っていたのだろうと想像できます。

「慣れない宿泊学習で気を遣うこともあったよね。よく頑張ったね」と話を切り出しました。

でも、子どもたちは思いのほか話し出すと元気で、

「お風呂が慌ただしすぎた！」とか「夜更かししようと思ったのに気づいたら寝てた」とか、楽しそうに話しています。

私は、子どもたちの表情を見てそっと胸を撫でおろしました。

宿泊行事の不安

担任として、宿泊行事や遠足など、長時間の引率を伴うものは、正直とても疲れます。それは、体力的なこともありますが、それよりも子どもたちが無事に帰ってこられるかどうかということ、そして精神面のサポートが十分できるかどうかということです。親と離れると不安定になる子どもは、5年生でもまだまだいます。さらに、一日中友達といることを負担

だと感じる子も。

いつもなら教室を中心に子どもたちを見守ればいいですが、宿泊行事は教師の目が届かないところも多くあります。ある意味、日頃の学級経営を試されているようなもので、子どもたちを信じて祈ることしかできない場面もあります。

日頃の学級指導や事前指導では、**一人ひとりにとって楽しい思い出になるように行動してほしいこと、ルールやマナーを守って協力して過ごすことを伝え続けます。**日頃からまわりのことばかり考えてしまう子どもには、逆に、「無理しすぎないでね。しんどくなったら先生のお部屋においで」と声をかけておきました。担任として、一人ひとりに寄り添った対応を心がけていました。

この答え合わせは、宿泊行事を終えた子どもたちを見て、判断することになります。

思い出BEST3

子どもたちの表情を見て安堵した私は、「何が楽しかった?」と聞いてみました。

カレーライスづくりやピザづくり、フィールドリサーチやキャンプファイヤー、そして休憩時間にした「だるまさんがころんだ」など、一気に旅の思い出が教室に溢れます。

ワイワイと話しながら、私は付箋を一人三枚ずつ配りました。

「これ、何？」と子どもたち。

「旅の思い出BEST3を付箋に書きます。三位から順に『せーの！』で見せ合うから、まだ何を書いたかグループの人に見せないように書いてね」

と言って、言語活動を始めました。

「せーの！」のかけ声で、思い出が書いてある四人の付箋が机の真ん中にぺたり。「一緒だ！」とか「え？　それ？」と盛り上がります。

ちなみに、私もちゃっかり書いて参加しました。

1位は、5年生みんなで自然学舎に行けたこと。

2位は、子どもたちの手際がよすぎて想定よりも随分早くカレーが出来上がったこと。

3位は、夜空は星いっぱいになり、朝の集いでは鳥のさえずりに包まれたこと。

書いた付箋は画用紙に貼って、掲示板に飾りました。**書いて残すことで、子どもたちと一緒に成長を実感**しました。

29

水泳の授業を始める前に

皆さんの学校は、臨海学舎はあるでしょうか。私は三校勤めて、二校目までは臨海学舎がある学校、三校目で初めて臨海学舎がない学校にやってきました。臨海学舎で一キロメートルの遠泳をするならば、中学年では確実に二泳法で二十五メートル以上は泳げるようにしておかなければいけません。ほとんどの子が5年生で五十メートル以上泳げました。

しかし、三校目で臨海学舎がない学校へ来たとき、びっくりするぐらい子どもたちが泳げなかったのです。臨海があるかないかで、子どもたちの水泳学習へのモチベーションが大きく異なることに気づきました。見学の子どももこれまでより多い気がします。

でも、夏の水難事故は毎年数多く報告されています。ニュースを見て小学生や中学生が命を落としたことを知ると胸が締め付けられる思いです。この事故をゼロにすることは難しいですが、少しでもその危険性を知ることと、命を守る泳力や知識を身に付けてほしいと願っています。

だから、私は**水泳学習の前に必ず水難事故予防の授業をします。**浮力、抵抗、水圧を感じて水中での運動能力を育むことも、安全に関する知的な発達を促すことも、両方大事です。

30

平和学習と子どもたち

6年生になると、修学旅行で広島や長崎を訪れる学校も多いかと思います。私は、自分が6年生のときに広島へ行き、中学3年生で沖縄に行きました。どちらもどっぷりと平和学習だったのですが、記憶にはあまり残らない修学旅行になってしまいました。それはおそらく自分の中で「修学旅行へ行く目的意識」がなかったからでしょう。「何のために行くのか。何を学ぶのか」＝「修学旅行だから行く。誰かが教えてくれる」

私は、そんな考えしか持っていなかったのではないかと、今振り返って思います。

6年生の社会科で日本の歴史を学ぶときに平和学習を行いますが、それまでも終戦記念日に触れたり、人権学習の中で取り扱ったりしてきました。また、国語教科書には、3年生以上で戦争作品が掲載されています。『ちいちゃんのかげおくり』や『一つの花』の登場人物を読むことを通して戦争についての知識を得て、その時代に生きた人の苦しみや悲しみを知ります。

6年生の修学旅行で、「何のために行くのか。何を学ぶのか」の答えを子どもたち自身が考えられるように、教師自身がこれまでの平和学習の学びの場をつなぐ意識を持って授業をすることや、**子どもたちの中に平和学習を積み重ねている意識を育てること**が大切なのではないでしょうか。

31

イベントは好きですか

イベントは、好きですか。

運動会や文化発表会、遠足……教師にも好きな人、苦手な人、どちらでもない人がいるように、子どももそうだと思います。だから、「当たり障りなくイベントを乗り切る」のではなく、**「子どもたちみんなが楽しめるようにイベントを盛り上げる」ことを考えたい**と思っています。

ターゲットは、イベントが好きではない子です。この子どもたちが少しでもイベントに前向きな気持ちになれれば、そのイベントはみんなで取り組んだ思い出になります。

イベントに対して少しでも前向きになる工夫を三つ紹介します。

①イベントの目的と目標を明確にする

②一人ひとりが目標を持つ

③作文で自分だけの物語を語る

①のイベントの目的と目標は、**職員会議で提案されている文章を参考に紹介しています。**何のために行事があるのか、どこでどのような力をつけることが望ましいのか、子どもたち

と一緒に考えます。５年生は来年６年生になることを意識している子がたくさんいるので、目的や目標は入りやすいのですが、それでも「わかっていて当たり前」「毎年やっているイベントだからやるのが当たり前」と考えて雑に進めないようにします。

もしかすると、クラスの中に一人でも苦しんでいる子がいるかもしれないですから。

②については、**今の自分を見つめることから始めます。**このイベントを乗り越えるために、今の自分に必要なものは何かを考えます。
運動会なら運動の技能かもしれません。でも、応援団を頑張りたい子は、体力づくりかもしれないし、団体演技に課題があると思っている子は、友達とのコミュニケーションかもしれません。イベント一つで、様々な力を鍛えられるのが、イベントのよさなのかもしれません。つまり、学級経営においては、学級がぐんと成長するチャンスなのです。

③は、**イベントに向き合ったことを、ちゃんと自分で褒めることが目的**です。教師からの言葉だけでは不十分なくらい、子どもたちは頑張っています。本当は、私がすべての子どもたちを満足させられるほど認め、賞賛し、次への期待を言葉にしてかけてあげたいのですが、

どれだけやっても不十分に思えます。教師一人でできることは限られています。

だからこそ、作文に自分がどうイベントに向き合ったかを書いてもらいます。書きづらい子には、「物語風にして」と言います。自分が主人公の物語。少し自分を客観視できるだけで、子どもたちは作文の中の自分を応援したり、はらはらしたりしながら自分を認めていきます。

作文は、子どもたち同士で読み合います。三十五人いれば、三十五個の物語がそこには存在します。クラスの子がどんな思いでイベントに向き合っていたかを知ることが、クラスの思い出をよりよいものに変えていってくれます。

最後は、全員で記念写真。この写真が一年を終わる頃には何枚にも増えていて、子どもたちにとって成長の証しになります。

私は、イベントが苦手です。でも、普段の授業では、なかなか味わえないものがイベントでは味わえる。だから、子どもたちと取り組むイベントを大切に思っています。

32

思っていた結果を得られなかったクラスの子たちに贈る言葉

思い通りにいかない
ことだってあるさ。
でもすべて経験が
成長の糧に
ナイス
チャレンジ！

今日は運動会。

平日開催でしたが、たくさんの方に応援に来てもらいました。

5年生はリレー、騎馬戦、組体操に出場しました。

我が校は、三色の縦割りで戦います。

ずっと一位だったリレーでは、本番も一位。ずっと三位だった騎馬戦では、頑張ったけど惜しくも二位！　大健闘でした。

6年生と合同でした組体操も、今日が一番よかったです。キレッキレの演技、本当に素敵でした。

……でも、総合結果は青組三位。


多くの学校は、白と赤の二色で戦いますよね。そして、クラスが二つに分かれているので、どちらが勝とうとあまり学級経営に響くことはありません。

でも、このときの学校では違います。子どもたちも親も、そして教員も真剣に一位を取りに行っています。各クラスでリレーのバトンパスの練習をしたり、騎馬を強くするためにチームワークを高めたりと、運動会に向けて日々努力を積み重ねてきました。だからこそ、学年の競技で好成績を収めた子どもたちにとって、総合三位は悔しすぎる結果なのです。よくある大縄大会などと同じですね。クラス対抗になると、競争心が強くなるじゃないですか。あれです。

私は教室でどんな話をしようかと考えていましたが、子どもたちの様子を見ていると、会場の片付けも着替えもテキパキして、悔しさを滲ませながらも少し満足げな表情。その姿を見て、（あぁ、この子たち、精いっぱい力を出しきってきたんだな）と、思いました。


教室で子どもたちを待ち構えていると、はじめに帰ってきた子が、

「思い通りに行かへんこともあるなぁ〜」と言いました。

それを聞いて、その言葉がすとんと胸に落ちました。今の気持ちにぴったりきたんだと思います。

すると他の子が、ほうきを持っていきなり掃除を始めました。教室に上がった砂を集め出

したのです。誰も指示なんてしていないのに。

朝の黒板には、

「一路邁進、気合い入れて全力で行け!!」と書いていました。

それを消して、

「思い通りにいかないことだってあるさ。でもすべてが成長の糧に。」と書き直しました。

全員集めて振り返りです。みんな笑顔で聞いてくれました。

黒板に書いた言葉のこと、何も言わないのに掃除を始めた子のこと、リレーで活躍したみんなのこと、騎馬戦が大健闘だったこと、いっぱい褒めて、自分たちに拍手。

優勝はできなかったけれど、私の記憶にはずっと残る素敵な運動会になりました。

それぐらい、価値のある三位でした。

やっぱり運動会っていいですね。

33

オーディションは慎重に

何かと大きな行事で重要な役割を与えられるようになってくる高学年。4年生までと違い、オーディションをする機会も増えます。

立候補しようと思うこと自体素晴らしい。そう思います。でも、このオーディションを通して、子どもたち同士がぎくしゃくしてしまったり、保護者と教師の関係性が悪くなったりすることもあるので、オーディションをするときには注意が必要です。

オーディションをするときのポイント

①その場で立候補を募らない

②期限を明示。保護者へ確実に連絡を

例えば、運動会の選手宣誓の立候補を募るとします。このとき、教室で、

「運動会で選手宣誓をしたい人いますか。手を挙げてください」

とは言わず、

「運動会で選手宣誓をしたい人を募集します。選手宣誓は、運動会に参加する全児童を代表して、どのような気持ちで臨むかを宣言するものです。一年に一回だけ、5年生からは一人

だけができます。緊張すると思うけれど、勇気を出してやってみようと思う人、今週の金曜日までに先生に言いに来てください。学年のホームページにも書いておくので、おうちの人とも相談してみてくださいね」

と言います。「早く立候補したもん勝ち」のように、子どもたちが感じないよう期限を提示します。また、学年のホームページや学年だより等で保護者にも確実に連絡が行くようにします。行事の役割は、保護者の前で披露することもありますので、「知らないうちに決まっていた」ということがないようにします。

③立候補が多数出た場合の決め方をはじめに提示しておく

④オーディションの方法（評価項目も）を伝えておく

「もし、学年で複数の立候補があった場合は、オーディションで決めます。前日に宣誓文の例を渡すので練習することができます。大きな声ではきはき言える人、普段から学習に前向きに取り組んでいる人を選びます」

⑤締め切り前に再度周知
⑥複数の教員でオーディションを実施

このように、オーディションを円滑に進めながらも、立候補してくれた子どもたちが不公平感を持たないために、様々な配慮をする必要があると思っています。

実際に、音楽会でピアノ伴奏に立候補していた子が、音楽科の先生のオーディションを受けて、「今年もあの先生に落とされた」と、保護者からクレームが入ったことがありました。

これは、ピアノ伴奏だから音楽科の先生が判断するのが適任だと考えて、一人だけにオーディションを任せてしまったことが原因でしょう。たとえ音楽科の先生が最終的な判断をするにしても、責任が一人にのしかかるようなことがないように配慮したいものです。

このようなオーディションを行うと、教師側の真剣さが伝わるとともに、中途半端な気持ちで立候補する子が減ります。さらに、**立候補したこと自体が価値のあるもの**だと感じられるようになります。

透明性のあるオーディションで、子どもたちが安心して挑戦できるようにしましょう。

34

個人懇談は子どもの記録を用意する

準備は万全に

初めての個人懇談。家庭訪問や参観で保護者とは顔を合わせていますが、やはり緊張します。

どんなことを質問されてもいいように、まずは準備を万全にします。用意するのは、

- **個人の成績が一目でわかるデータ**
- **普段の生活の様子を記録しているノート**
- **子どもたちから借りておいたノートやファイル**

これらを個人懇談で使用する机に置いておきます。不測の事態は起こってしまうかもしれませんが、ある程度の質問にはこれらで対応できるはずです。例えば、「うちの子は、授業中にちゃんとノートを書いているんでしょうか」という質問には、実際のノートやクラウド上に提出されているワークシートなどを見てもらいましょう。

このとき、「ノートを書いていない＝授業に参加していない」というふうに受け取られな

い配慮をします。その子の特性によって適した学習方法があるかもしれません。保護者をむやみに不安にさせたり、子どもたちの教室での学びを一面的な見方によって否定したりすることがないように言葉に十分に気をつけて伝えるようにします。また、

「休み時間は何をしているでしょうか」

という質問があれば、普段の生活の様子を記録しているノートを見て答えます。

たとえ担任でもすべてを覚えているわけではないため、ノートやデータなどの情報を持っておくと、少しは緊張が収まります。ノートは自分だけが見える角度にして、決して内容が保護者に見えることがないようにします。

普段の生活の様子を記録しているノート

個人懇談や家庭訪問のときには、子どもたちの様子を記録したノートが活躍します。このノートには、子どもたちの日常やちょっとした出来事も書き込みます。個人情報が多く含まれるので、個人名は記録せず、すべてイニシャルで書くようにします。出席番号順に一人一ページと決めているので、誰の記録かはすぐわかります。

例えば、普段どんなことをして遊んでいるか、各教科の学習の様子、仲がいい友達、得意

なことや苦手なことなどを書きます。また、よい行いを見たときや怪我や体調不良、友達とのトラブルなどは、日時も細かく記入しておくと、後で保護者へ電話連絡する際などにも役立ちます。毎日、少しずつ記録していると、全体を見渡したときに情報に差が出ていることがあります。あまり見られていない子がいた場合は、その子に注目して一日を過ごすと、よい発見があるかもしれません。

5年生の個人懇談は悩み相談も多い

5年生は、人間関係においても学習面においても相談内容が深刻になることが少なくありません。四年間で、友達関係がこじれてしまい、それを担任に知っておいてほしかったり、受験を考えていたりする場合があります。

そのため、教師側から伝えるばかりでなく、必ず保護者からの質問や相談を受ける時間を確保します。質問や相談を聞くときには、メモをして内容を忘れないようにします。また、その場ですぐに答えようとせずに、学校や学年に話を通す必要があるものや確認が必要なものは、後ほど返事をすることを伝えます。

曖昧な情報を伝えて、信頼を失うことがないように注意しましょう。

35

避難訓練——大阪府北部地震を体験して——

「いつもはコンタクトなのに目が痛くてメガネなんです〜」なんて、どうでもいい話を主任に聞かせながら、メガネを拭いていたら、突如激しい揺れに襲われました。

二〇一八年（平成三十年）六月十八日七時五十八分に、大阪府北部を震源とする地震が発生したのを覚えているでしょうか。学校がある地域は、震度6弱の揺れでした。

私は、学年コーナーで先ほどのように主任と話しながら授業準備をしているところでした。突然の揺れに対して、すぐに「机の下に入らなきゃ」と思ったものの、自分の真後ろに置いてあるさすまたや担架が倒れてこないか気になって、広い廊下に飛び出しました。少々パニックになっていたのだと思います。そして次の瞬間、

「子どもたちは⁉」と声を上げていました。

学校の玄関は朝八時に開門します。だから、子どもたちは玄関に並んで扉が開くのを待っているところでした。幸い子どもたちに怪我はなく、すぐに広い場所に避難しました。

揺れが収まり、自分の動悸も収まった後、私は怖くなりました。また、大きな地震がくる

かもしれない。電車の中の子どもたちは大丈夫だろうか。もし、子どもたちがたくさんいる日中に地震が起きていたら、今の私の行動では子どもたちを守れなかったのではないか、といろいろなことが頭をよぎります。

でも、それからの教職員の動きはもう目まぐるしくて、さすが安全教育や危機管理の意識が高い学校だと思わずにはいられませんでした。こういうときに冷静に動ける同僚、指示を的確にできる管理職がいることはすごく安心しますし、チームで動くことの大切さを感じました。

ずっと電車に閉じ込められていた子もいて、保護者への連絡や引き渡しで本当に大変な一日でした。

学校はこの日から、三日間停電によって休校を余儀なくされました。子どもたちが、クラウドに書き込んだこの日の振り返りは、初めて経験した大きな地震への恐怖、被害から考えたことや受け止めたこと、訓練の大切さでした。

子どもたちが書いた文章を読みながら、私も阪神・淡路大震災のことを思い出しました。あのとき、私は小学3年生で、地元は震度6強の地震に襲われました。強い揺れで体が浮くような感覚になった瞬間、上から枕と父親の腕が覆いかぶさりました。私を守ろうと瞬時に安全を確保してくれました。

あれ以来の大きな揺れ……。地震の避難訓練は何度もしていましたし、大きな地震を経験しているので、訓練通りできると思っていた私は、自分にがっかりしました。

自然の脅威に人間は勝てません。できるのは備えることと、命を一番に守る行動を取ること。

訓練をしても、しすぎることはないのだと思います。

真剣に、想像力を働かせて訓練に臨み、学校では子どもたちを守ることを一番に最善の方法を瞬時に選択できるようになりたいと心から思った出来事でした。

36

隣のクラスの先生の実践から学んだこと

六年前に5年生を担任したとき、初めて宿題に自学を取り入れてみました。お隣の先生が教えてくれて、面白そうだなぁと思って乗っかったのです。

自学ってやらないといけないことですか。きっとそうではないですよね。自学と宿題は少し違います。このような「やってもやらなくてもいいこと」を揃えようとすると、しんどくなりますね。子どもも、教師も。

例えば、参観日の授業の内容はどうですか。学級掲示は？

私の場合は、参観日の授業内容も、掲示物もクラスによって違います。ちなみに朝の会や終わりの会、給食の当番のやり方も。

本当に揃えなきゃいけないのは、**子どもをどれだけ理解しようとするかや、テスト作成・丸つけ・評価の仕方や、困ったことをどのクラスも共有できること**とかじゃないかな、と思います。

かといって、お隣のクラスでしているよい実践を取り入れない手はありません。

やっぱり自学、面白いです。週に二回を目途に子どもたちに取り組んでみることを提案したのですが、毎日している子が何人もいます。

内容が面白かったり、まとめ方が力作だったりする自学を私だけが知っているのはもったたいないと思って、掲示板に自学コーナーを作ってみました。

- 自学〜為になる編〜
- 自学〜おもしろ編〜
- 自学〜ぶっちゃけ編〜

台紙の色画用紙に、ノートをコピーして貼るだけです。

「為になる編」では、主に教科の学習内容の延長です。百人一首について調べる、方言について まとめる、雲の様子を観察するなど、ここから知識を得ることができますね。

「おもしろ編」では、マニアックな調べ物をしている子がたくさんいました。

「ぶっちゃけ編」では、自分の好きなことをとことん追究しています。自分の生い立ちや推し活の様子などを書いている子もいました（笑）

そうすると、このコーナーはたちまち人だかりができる人気コーナーになりました。

友達の自学を見て、どんどん触発されてユニークなテーマに取り組んでいく子が増えました。私はそんな子どもたちを見て、感心しきりでした。

誰かに言われたからやるのではなくて、**自分で「いい」と感じたから自分の学習に取り入れてみる。**そういうことができる子が増えていくと、きっと子どもたちの感性はどんどん豊かになって、勉強がつまらないなんてことがなくなるのでしょう。

さらに自学が加速するように、隣の先生が作ってくれた自学プリントを配布しました。自学のテーマがたくさん載っています。

なかなか自分でテーマが決められない子のヒントになればいいし、取り組んだものにチェックするだけでも、自分の頑張りを実感できるのではないかと考えました。二学期になると、**全員でノートを見合って素晴らしい自学を選ぶ「自学グランプリ」**も開催されました。

隣の先生がしていた実践を真似するよさは、うまくいかなかったときに相談できることや、多様なアイデアを教えてもらえることだと思います。でも、もらったものをそのまま実践するだけでは、子どもたちのためにはなりません。子どもたちがより楽しめるように何ができるか、いつ何時も考えていたいですね。

37

古典を味わう子どもたち

5年生になると、古典を学びます。といっても、古典の内容を読み深めるというよりは、古典に慣れ親しむことが目的です。千年以上も前から読み継がれてきた作品を、子どもたちはどのように受け取るのか、どんな授業をしたら親しみを持ってもらえるのかと、悩みながら授業を考えていました。

教科書をよく読むと、至るところに子どもたちが興味を持つ工夫がされています。

例えば、竹取物語や伊勢物語、源氏物語など、有名な古典に描かれている絵が大きく提示されています。今の漫画やアニメのように、古典にも絵があったことを知れば、興味を持てるかもしれません。

また、清少納言や紫式部など、書いた人がわかる絵も載っています。大河ドラマを見ている子も多く、名前を聞いたことがある子はきっとたくさんいるだろうと思いました。

さらに、有名な古典のはじめの部分だけを集めてお話が書いてあります。全部を載せると難しそうに感じる子どもたちも、冒頭部なら「あ、何となく聞いたことがある」と子どもの関心を引きつけられますよね。取り上げられている古典は、竹取物語、平家物語、徒然草、奥の細道です。冒頭部とその現代語訳が載っているので、子どもたちでもお話を楽しむことができます。

私はさらに子どもたちが古典を楽しめるように、**ちょっとした演劇をしよう**と考えました。ちょうど「演劇的手法」の面白さを知り、いろいろな授業に取り入れ始めたところだったのです。

まずは、グループで四つの古典作品のうち、どれを演じるかを決めます。そして、演じるための予備知識を獲得します。予備知識は、「時代」「場所」「登場人物」「あらすじ」を観点として、調べ学習をすることにしました。

四人グループで役割分担をしながら、四観点について詳しく調べます。その過程で、「NHK for School」に四つの古典の動画があることを教えて、グループで鑑賞してもよいことを伝えました。

調べ学習と演劇練習で二時間。その後、本番です。本番までの二時間、子どもたちは実に豊かに学びました。

子どもたちは動画を見ると、作品の内容をより具体的にイメージできたようで、演劇練習にスムーズに入っていけました。演劇は大掛かりなものではなく、作品イメージを豊かにして古典に親しみを持つことが目的なので、「とにかく楽しく」がキーワードです。子どもたちは、**古典を読む人、演じる人、舞台監督というように自分たちで役割を分担し、練習**していました。

いざ、本番。気づいたら座布団やほうきなど、小道具がたくさん用意されています。机を全部後ろに下げて、みんなで古典演劇の鑑賞会。

原作を大事にしながら、隙間に入ってくるオリジナリティ溢れる脚本が子どもたちの笑いを誘います。

特に、奥の細道を演じた二人の男の子は爆笑をかっさらいました。一人が松尾芭蕉。もう一人は弟子の曾良《そら》です。芭蕉役の男子が疲れて道端に座ると、それを叱咤激励しながら先を歩ませるのは曾良役の男子です。何やら文句を言い合いながらも旅を楽しみ、一句詠《うた》います。曾良は芭蕉の弟子の中でも特別な存在だったと言われます。そして、他の弟子よりも芭蕉に対して手厳しいところがあったとか。そのことをこの二人が知ってか知らずか、面白おかしく演じた様子は、鑑賞会の中でもとても心に残る場面でした。

教師が「古典を教える」のではなく、子どもが「古典を味わう」。そのためには、子どもに任せる場面や成果をみんなで見合う場面をつくることが大切なのだと感じた授業でした。

38

「本当の自由」とは

「自由ってどんなこと?」という質問に対して「注意されないこと」と言っていた子どもたち。

その後、『うばわれた自由』を読んで、みんなで「本当の自由」について考えてみました。

授業の振り返りを書いたノートには、次のような考えが書いてありました。

「約束やきまりを守った上での自由が本当の自由。みんなが納得していて、自分勝手じゃなく、他人を思いやれることも大事」

「人に迷惑をかけずに、いろんな人が笑顔になれるのが本当の自由。時には注意し合うことも必要」

「互いを思いやるとともに、自分が好きなことを追求できるのが本当の自由。注意は思いやりと優しさから生まれることがある」

子どもたちの振り返りが素敵すぎたので、授業の終わりに、「先生は、自由の意味をはき違えたことがあるよ……」と、くだらない話をしてしまいました。

あれは必要なかったかなあ(苦笑)

39

子どもの自学から「推し四字熟語」ができた

隣の先生からもらったテーマ集のおかげもあり、子どもたちは実に多様なテーマで自学を楽しむようになりました。

ある日、四字熟語を調べてきたFさん。ノートには次のように書いてありました。

一念発起　いちねんほっき　過去の考えを改めて、何かを成し遂げようと決心すること
破顔一笑　はがんいっしょう　表情が和らいで、にっこりと笑うこと

【今日の例文】

樋口先生の表情はまさに破顔一笑ですがすがしいものだった。


この文章を読んで私は前日の出来事を思い出しました。

国語の時間に『あめ玉』という新美南吉の作品を読んで、物語の伏線をノートに書く活動をしていました。Fさんはクールな子でしたが、とても熱心にノート三ページにわたって様々な伏線を書き出して分析したのです。そのノートを見て、私はまさに「破顔一笑」の表情を浮かべながら、Fさんを褒めていたのでしょう。きっとFさんも嬉しかったのだと、この自学を見て思いました。それから破顔一笑は、私の推し四字熟語です。

40

輪になって話そう「最近の出来事」

皆さんは、「いいこと見つけ」をしたことはあるでしょうか。他にも「親切の木」や「しあわせのバケツ」など、子どもたちの行動とともに心を育てようとする取り組みはたくさんありますね。

よい行動を恥ずかしがらずにできる子がいると、学級は受容的で温かい雰囲気がつくられていきます。しかし高学年になると、思春期に入り、よい行動とその賞賛をクラス全員で行うことが難しくなってしまいます。

そこでおすすめなのが、週に一回程度、**みんなで「最近の出来事」について短時間で報告すること**です。これは、アドラー心理学に基づく「クラス会議」から着想を得ています。

クラス会議では、子どもたちが輪になって褒め言葉を交わします。その内容は「いい気分になったこと」「感謝したいこと」「他者への褒め言葉」です。私は、

「いい気分」
「ありがとう」
「ほめ言葉」

と黒板に書き、子どもたちだけで最近の出来事を話していきます。

三つのお題があるだけで話しやすくなります。三十人学級で、大体七分ぐらいの短い時間です。

何回か行うと、おもちゃのマイクを持ってきてくれた子がいました。クラスではおとなしい女の子です。少し意外でびっくりしたのですが、この時間を楽しんでくれていることが伝わってきました。

また、この輪の中で褒められることは、みんなに認められることなのだということもわかりました。全員で「この行動がすごい！」とか「○○さん、ありがとう！」とか確認しているわけではありません。誰かが言ったことに拍手をして次の人に順番が移る。ただそれだけです。

でも、このわずか数分間で**子どもたちは互いに認め合い、クラスの受容的な雰囲気をつくっていくことができていました。**

そして、なんと、私にもこのマイクが回ってくるようになりました。全員が話して終わりなのですが、あるときから「先生は？」と聞かれるようになったのです。

そこで私は、嘘のない言葉で話すことを大切にしました。

「昨日ね、掃除の後、雑巾が一枚床に置きっぱなしになっていたんだよ。その雑巾を別の掃除場所から帰ってきた○○さんが、誰に何を言うこともなく、一人で片付けていたんだ。すごいよね」

と、いうように。

本当にすごいと思ったことを、決して大げさにすることなく語りたい。そう思いました。

この「最近の出来事」のおかげで、普段伝えきることができない子どもたちの頑張りをこの場で話したり、面白い話を共有したりすることがたくさんできたと思います。

皆さんもクラス全員で輪になって、話してみませんか。

41

実習生がやってきた！

教育実習生がやってきました。この教生がなんと、初任時代の私の教え子なんです。もう十四年も前のことです。

その前の年に勤務校にインターンとして来ていた彼と偶然再会しました。十四年も経っているし、私は苗字も変わっていましたが、お互いすぐにわかるものなのですね。さらに驚いたのは、再会した瞬間その子との思い出がまざまざと思い出されたことです。

すべての教え子がこうなのかはわかりません。でも、一年間一緒の教室で過ごすというのは、とても濃い時間なのだと改めて感じました。

彼は、心優しいサッカー少年でした。男女分け隔てなく接するし、快活で勉強もよく頑張る子だったのを覚えています。実習に来た彼も変わっていませんでしたが、背がぐんと伸びて、たくましくなっていました。

子どもたちはすぐに彼と打ち解けました。子どもたちを引っ張っていくというよりは、優しくサポートするのが彼の持ち味のようです。ちょっと私とは違うタイプ。私は先頭に立って子どもたちを引き連れていく実習生でした（笑）

国語、社会、算数、道徳といろいろな教科の授業に挑戦し、その度に私と授業を振り返ります。

すると、彼は、**子どもたちを知ることが、授業がうまくいく一つの大事なポイント**なのだと気づいていきます。子どもを理解しない限り、子どもを引きつける授業がつくれない、授業の深まりも得られないのだと。

たった四週間なのですが、子どもたちと精いっぱい遊んで、話して、関係性をつくろうとした彼は、すっかり子どもたちの人気者になっていました。特に、サッカーや鬼ごっこをしてくれるのが子どもたちは嬉しかったようです。運動会時期で子どもたちのダンスの練習にも付き合ってくれました。ちょっとリズム感がなかったけれど（笑）

子どもたちにとって少し年の離れたお兄さんであり、授業中はしっかり先生として教壇に立っていました。子どもたちのメッセージの中に、こんな文がありました。

「はじめは声が小さかったけど、ちゃんとしゃべれるようになってよかったです。一カ月ありがとう。サッカー一緒にしてくれてありがとう」

ちょっと上から目線ですけど、愛を感じますね。

最後の日、子どもたちとサプライズパーティをしました。「気になるあの子」が朝から、「今日で最後なん。寂しくなるな」と言ってきました。ぐっときます。

パーティでは係活動が大活躍！　教育実習の先生を喜ばせようと、子どもたちは思い思いの出し物を準備して臨みました。

パーティの最後に、私から子どもたちに、彼が実は教え子であることを伝えました。

子どもたちの驚いた顔といったらもう。

「先生のクラスの子どもが、先生になるためにここに来たの？　すごい！　私も先生になるから樋口先生のクラスに来る！　ねえ、どうやって来たの？」

と、彼に実習生のなり方を聞きに行った子がいました。

三世代で教師になれれば最高です。

そんな夢を、私は彼と今の教え子からもらいました。

42

臨海学舎―砂浜相撲で教師の貫禄を見せる―

臨海学舎の一日目の夜に「ナイトウォーク」と「砂浜相撲」がありました。

臨海学舎は、教員が二十名ほど引率します。その中で救護班や進行の人を除いた全員が二つの活動のどちらかに割り当てられます。

皆さんならどちらを選びますか？　もちろん、ナイトウォークですよね（笑）。はい、ナイトウォークを希望したのに、なぜか砂浜相撲でした。

子どもたちも大体半々になるように希望制で分かれてもらいます。我がクラスは見事に半々でした。

夜。いざ、砂浜相撲へ！　遠泳用の命綱を腰に巻いた子どもたちを相手に、どんどん投げ飛ばしていきます。子どもたち五十人以上を七人ぐらいの教師で相手にするので、こちらに休む時間はありません。

「樋口先生！　覚悟しろ！」なんて言いながら突っ込んでくるのですが、柔道をしていた私は、**意外と接近戦が得意**なんですね。片っ端から子どもたちを倒して（砂浜なので怪我はしません）、教師の貫禄を見せつけておきました（笑）

クラスのやんちゃ君が、「なんでそんな強いん？」と尊敬のまなざしを向けてくれたので、次の日の信じられないほどの筋肉痛もよしとしましょう。辛……。

43

文学教材はやっぱりいいなぁ

国語の授業で『カレーライス』を読みました。重松清さんの有名な作品です。語り手は小学6年生の「ひろし」の一人称視点なので、子どもたちは自然と「ひろし」に自分を重ねながら読んでいきます。一日三十分の決まりを破ってゲームをしていた「ひろし」に対して、セーブもさせずにコードを抜いて電源を切ってしまった「お父さん」。「ひろし」は「お父さん」に、なかなかごめんなさいを言えません。

子どもたちは、「ひろし」を子ども扱いする「お父さん」のわかってなさに腹を立て、「ひろし」が素直にごめんなさいを言えなくて意地を張ってしまうことに共感していました。でも、**何時間か読んでいくと少しずつお父さんの気持ちに寄り添う意見が増えて**きました。

「お父さんは料理が上手じゃないのに、体調が悪くても特製カレーを作ってあげるのは、ひろしを大切に思っているからだとわかりました」

「お父さんは、ひろしの気持ちがわかったとき、嬉しそうに何度も頷いていました。あれは、ひろしの成長が嬉しかったんだと思います」

文学を通して、みんなのおうちの人もそうかもね、とメッセージを送りました。

44

夏休みに届く子どもたちからの手紙

夏休みには、子どもたちから暑中見舞いが届きます。旅行先で買ったポストカードにメッセージを書いてくれたり、葉書の真ん中にどーんとかき氷やうちわの絵が描いてあったり。思い返せば、**暑中見舞いをもらうようになったのは、手紙の書き方を丁寧に指導するようになってから**です。スマートフォンで簡単に連絡が取れるこの時代に、手書き文字で言葉を送る文化を子どもたちにも楽しんでほしいと思って始めました。

一学期に授業をすると、そのよさを感じた子どもたちが私に手紙を送ってくれます。子どもが書いた文字を見ると、その子らしさが出ていてじんときます。

今年は嬉しい手紙が届きました。

「樋口先生へ　お誕生日おめでとうございます。先生の明るくて笑顔が絶えないところが大好きです。二学期もよろしくお願いします」

海外からのエアメールでした。語学研修に行っていた子どもたちが、わざわざ私の誕生日にカードを送ってくれたのです。

子どもたちの思いやりに、胸が温かくなりました。

二学期は、ありがとうの倍返し！　頑張るぞ。

45

避難訓練、不審者対応訓練

大阪教育大学附属池田小学校で起きたあの痛ましい事件から、もう二十年以上が経ちます。二度とあのような事件が起きないように、教師も子どもたちも日頃から安全への意識を高め、自分の命を守るための行動を取れるようにしておかなければいけません。そのためには真剣に避難訓練に臨む必要があります。

訓練の前に、私は子どもたちに「何のために避難訓練をするのか」と問いかけます。そして、不審者対応訓練なら附属池田小学校の事件のことを、地震の避難訓練なら東日本大震災や阪神・淡路大震災の体験を語り聞かせます。

教師の真剣さは、子どもの意識と行動を変えることを私は附属池田小学校で学びました。**「非常事態に備えるには、想像力を働かせるしかない」**と、かつての同僚は教えてくれました。私は、同じことを子どもたちに伝えます。

「ふざけていて、逃げ遅れたら?」「指示を聞いていなくて、犯人と遭遇したら?」「地震が起きたときに窓のそばにいたら?」「火災が起きているときに、思いっきり息を吸い込んだら?」

失われた命は返ってきません。傷ついた心の傷も、元通りに戻ることはありません。このような経験をしてしまう人たちを、一人でも減らすために、避難訓練は真剣に行います。

46

先生、ハロウィンパーティがしたいです

二学期は、イベントが盛りだくさん。運動会に学習発表会、校外学習も。子どもたちの関係性が安定してくると、イベントの度に子どもたちの絆が深まっていきます。様々な役割に立候補して、その責務を果たした子どもたちは、自分に自信を持てるようになるので、さらに教室でも活躍してくれます。

すると、教室の中でも様々な提案が子どもたちから上がるようになってきました。いい傾向です。春は、「反応あいうえお」の掲示を作って反応を促さないといけないほど、子どもたちは受け身の姿勢だったのに。今は教師をあてにすることなく、子どもたちだけで挑戦する雰囲気が出来上がっています。

そこで提案されたのが「ハロウィンパーティがしたい」でした。

ハロウィンパーティがしたい子どもたち

思わず私は横から口を挟みます。

「この前、実習生のお別れパーティをしたところだよね」と。

「十二月はクリスマスパーティもあるのでは？　なんでハロウィンパーティがしたいの？」と。

子どもたちが自分たちで何かをしようとすることは微笑ましいですが、授業時数との兼ね合いもあるので、教師として言うべきことはきちんと言います。でも、子どもたちは引き下がりません。

「毎日勉強は頑張っています！」

「先生は何もしなくていいから」

「あと仮装がしたいです」

仮装がしたかったのか（笑）。でもここは、毅然として、

「学校で仮装はできません。でもちょっと楽しそう。カチューシャとか、帽子とかぐらいならできるかな。全身コスプレはダメだよ」

子どもたちは、「やっぱりか〜」とすぐに納得していましたが、（あ、試されているかも）と私自身は感じたのでした。

交渉は成長の証し

このように**教師が試されているとも感じるような交渉は、成長の証し**だと私は思います。

私たち教師も学生の頃は、どこまで許されるのか試したり、交渉したりしていたはずです。

なんでもＯＫではないことが重要なのでしょう。自由は一人ひとりの権利を大切にして、義務を果たした上で保障されるもの、子どもたちとした道徳の授業が思い出されます。学校という場所であるからこそ、公平で公正に、そして安心安全に物事を進めていかなければいけません。

子どもたちが納得できるようにきちんと話をしたり説明したりすること、決して5年生の子どもたちを子ども扱いして、**頭ごなしに「ルールだから」「考えればわかる」などという言葉で押し切らない**ことを心がけたいものです。

結局、本当に私は当日まで何もせずに過ごしました。それどころか、パーティ当日は、子どもたちが用意してくれた出し物を一緒に楽しみ、一人ひとりにプレゼントされたカードやおみくじが私の分まであって、たくさんサプライズをもらいました。

ちなみに一番面白かった出し物は、動画投稿同好会による「笑点」です。タブレットで台本を作って、本格的に作り込んだ笑いを披露していました。

まだまだ成長期！

47

合唱練習は歌詞の意味を考えることから始める

誰の心にも
大切な場所がある
私は祈る
平和のために
この青空は
きっと続いてる
あなたの思いが
地球へと広がる

学習発表会。5年生は歌と合奏をすることになりました。合唱曲は「地球星歌～笑顔のために～」です。音楽専科の先生が選んでくださいました。「COSMOS」と同じ作曲家で、平和への祈りや自然への愛に溢れた曲です。

子どもたちはこの曲を気に入ったようでしたが、学習発表会で聴いている人を感動させるには、練習が必要です。子どもたちと一緒に歌詞を音読したり、お手本を聴いたりして、歌詞の意味を考えることから始めました。読めば読むほど素敵な歌詞です。

「お気に入りの歌詞を画用紙に装飾文字で書いて、掲示しよう」と呼びかけ、カードを作りました。作ってみると、一人ひとり違った歌詞を書いているので、友達がその歌詞を選んだ理由を知りたくなったり、「その歌詞もいいよね」と好きな歌詞が増えていったりします。

出来上がったカードを後ろの掲示板いっぱいに貼り出すと、装飾文字から子どもたちの思いが溢れ出してくるように感じ、一人ひとりがそれぞれの歌詞に思いを込めれば、素敵な歌声になるだろうと、みんなで考える時間になりました。

音楽専科の先生いわく、その日から劇的に歌声が変わり、指導がしやすくなったそうです。歌詞の意味を考え、みんなで歌うことの価値を見出すことは、技術を学ぶことと同じくらい大切なのだと実感しました。

48

委員会で企画書を提案した子どもたち

ある日の放課後、司書の先生が、
「樋口先生！　先生のクラスの図書委員会の子どもたちが、こんな提案をしてくれて！」
と言って、タブレット画面を見せてくれました。そこには、「神田っ子　未来の作家先生」という企画書が。担任をしている図書委員の子どもたちが、委員会の時間に企画を提案したそうです。「作家の時間」の中で創作した作品を図書館に集めて、全校児童が読めるようにしたいというものでした。

その企画を聞いて、図書委員会の担当の先生や司書の先生は感心したと、とても喜んでくださいました。委員会のみんなに賛成してもらって、企画が決まったそうです。

私は、この報告に胸が熱くなりました。

自分たちの力を信じること、**自分たち発信でいろいろな経験を積み重ねてきたからこそ、教室じゃなくても自分たちのしたいことを伝えられるようになった**のだと思います。

「神田っ子　未来の作家先生」は無事に開催されて、3年生から6年生までの十一クラスから選ばれた二十七冊の本が図書館に並べられました。全校児童からのファンレターがそれらを書いた作家たちに届き、子どもたちは達成感や憧れを持ってまた「作家の時間」に励むようになりました。素敵な企画を考えられた子どもたちが本当に誇らしいです。

49

団体演技で子どもたち一人ひとりが生きる工夫を

運動会の団体演技。ダンスや演舞をしたりすることが多いですよね。この年は、ダンスだったのですが、事前に学年団で話し合っておきたいことがありました。

それは、**教師が考えたダンスを子どもたちに教えて、それを踊るだけの団体演技にはしたくない**、ということです。私はダンスの主担当ではありませんでしたが、これは毎年思っていることで、たとえ1年生でも、すべてを「教える→真似をする」というのはおかしいと思っています。普段の授業では、子どもたちの考えを引き出すことを大切にしているはずなのに、運動会の団体演技になるとその意識が薄れてしまっているように感じるのです。

学年団で意思を確認し、方向性を確かめて練習がスタートしました。曲の中には、子どもたちがグループで振り付けを考えるパートができたり、決めポーズも一人ひとりが好きなポーズをとってよいことになりました。結果的に、この二つが子どもたちが最も生き生きした表情をしたパートになりました。

自分たちで考える方が難しいです。でも、**振り一つ一つに思い入れができるので、何度も練習して息を合わせることに価値を感じる**ようになります。タブレットで自分たちの姿を動画に撮って、休み時間に練習する姿も見られました。

運動会のための団体演技ではなく、学び合うことをいつでも大切にしたいですね。

50

バンドができた！

「お別れパーティでバンドするわ」

お別れ会の出し物を決める相談をしているときに、私のところへやってきた男子児童三人が意気揚々とこう言いました。

「え？　バンド？」

また子どもたちが面白いことを言い始めました。確かに言いに来たうちの一人は、ドラムを習っているという子。見たことはないけれど、小さいときからやっていると聞いています。でも、あとの二人はピンときません。詳しく聞いてみると、一人はお父さんからベースを習っていると。もう一人は、「おれ、ＭＣ」と（笑）

「面白そうやなあ。ドラムは音楽の先生にお願いして借りられるか聞いてみるわ。ベースはないと思うから、家から持ってこれるかおうちの人に聞いてみて。あと、ギターかキーボードはいるんじゃない？」と、少しだけアドバイスをして、ここはひとまずステイ。

特別なことをするときには根回しをせよ

早速、放課後に校長先生に了承を得て、音楽の先生にドラムが借りられるかを確認。校長先生は、やるならいいスピーカーを使いなさいと、いろいろと機器の使い方を教えてくださいました。**子どもたちがしたいことに全力で応えたくなる**のは、この校長先生の背中をいつも見ているからかもしれません。

次の日、子どもたちに放課後の出来事を話すと大喜び。みんな校長先生が大好きになるはずです。その日から子どもたちは本格的に練習を始めました。

基本的には、家での個人練習です。練習風景を動画に撮ったり、オンラインで映像をつないで練習したそうです。

途中で二人メンバーが加わっていました。一人はキーボード担当の女子児童。小さい頃からピアノを習っていて、よく合唱の伴奏もしていたので、その実力は折り紙付きです。スカウトの才能があるなあ、と感心。もう一人はクラスのムードメーカーでお笑い担当の男子児童。曾良役の彼です。楽器のイメージはなかったのですが、彼は何をするか決まっていないとのこと。当日までのお楽しみですね。

ロックバンド「大阪クライシス」誕生

さて、お別れ会当日。

バンド演奏は教室から場所を変えて、防音&ステージがある教室へ移動して行います。

司会がMCにマイクを渡すと、教室の雰囲気が一変して、本当にライブ会場のような盛り上がりに！　このとき初めてバンド名が「大阪クライシス」だと知りました。私もビデオを回しながら、大興奮でMCのコールに応えます。

ベース兼ボーカル、ドラム、キーボード、ボンゴ。お笑い担当の彼は、まさかのボンゴでした（笑）。披露してくれたのは、米津玄師の「ピースサイン」。フルコーラスを見事なクオリティでやりきってくれました。

ドラムの子があんなに楽しそうにしているのを、私は見たことがありません。ベースを弾きながら歌が歌えるということも知りませんでした。男子三人と女子一人。本当にロックバンドみたいでかっこいい。ボンゴの強弱をつけた演奏によって、サビのところで最高潮に盛り上がっていました。

子どもたちの力は無限大ですね。あの子たちらしく、最後まで自分たちで楽しむことを貫いてくれました。そして、それを全員で盛り上げようとするクラスメイトたちもとっても素敵でした。

家での習い事や自分が得意なこと、みんなの前でやってみたいことを子どもたち同士が伝え合えていたことが、今日のこの日につながったのでしょう。

51

ネットニュースとの付き合い方

研究授業の協議会が終わってふとタブレットを見ると、GoogleClassroomからの通知が届いていました。私が上げていたタイムラインに子どもがコメントをしたようです。GoogleClassroomを連絡帳代わりに使っていますが、普段はほぼコメントがつきません。

何かあったのかな？と軽い気持ちで開いてみると、そこには、安倍晋三元首相が何者かに銃撃されて重体であるというニュースと、それに対する子どもたちの動揺したコメントが書き込まれていました。私も慌ててニュースを見てその事実を知ることになります。

安全だと思っている日本でこんな事件が起こるなんて……。私は子どもたちと同じように動揺しました。そして、子どもたちになんと声をかけようか悩みました。やがて、安倍元首相の訃報が届き、子どもたちも悲しみに暮れます。そこで私は次のようにコメントしました。

「悲しくてつらい事件が起きてしまいました。（中略）情報を得ることも大切ですが、情報を目にしすぎると暗い気持ちになるので、自分の心を大切にしてください。来週、みんなと顔を合わせながらお話しできると嬉しいです」

5年生にもなると、スマートフォンの所持率は上がり、SNSを使う子どもも増えます。情報や自分の心とどう向き合うか、考える機会にしたいと思いました。だから、私は「調べるのをやめよう」ではなく**「一緒に話そう」**と伝えたかったんです。

52

子どもに届く学級通信と写真ブログ

私は、やると決めたらとことんやるところや、短期集中型で仕事をするところが自分の特徴だと思っています。一方、こつこつと同じペースで仕事をすることが苦手です。この特徴は、学級通信を書くことに向いていません。

若手の頃は毎年五十号ほど出していましたが、正直苦しいと思いながら義務感で書いていました。もし、これを読んでいる先生方の中に、私と同じような特徴の方がいらっしゃるなら、「子どもに届く通信」と「写真ブログ」をおすすめします。

①子どもに届く通信

教室の掲示板に子どもたちへのメッセージを書いて貼っていました。掃除や授業の様子など、「素敵」と思ったことを書いて発行します。紙の大きさや細かなレイアウトなどを考える必要がないので、本当に伝えたいことを効率よく発信することができます。

②写真ブログ

ホームページに写真のみで子どもたちの様子を知らせます。一週間に一回あたりホームページを更新するようにしていました。学校で学んでいるときの写真を撮ることは、保護者の方はほとんどできないので、とても好評でした。今では便利なアプリができているので、使いやすいものを学校の許可と保護者の了承を得て運営するのはいかがでしょうか。

53

春を見つけながら、来年度に思いを馳せる

三月二十日。あまりにもいい天気だったので、

「外に行って、春見つけをしない？」

と子どもたちを誘いました。

みんなノリノリで外に出て、真っ青な空の下でたくさんの春を見つけました。

運動場や中庭、玄関の植え込み、教材園。いろいろな場所に行って、タブレットのカメラ機能を使って写真をパシャリ。

ムスカリ、カタバミ、ソメイヨシノ、スズラン、ハナニラ、ウメ……。

子どもたちはGoogleレンズを使って知らない植物も調べていきます。

教室へ戻ると、ソメイヨシノを撮影している私とOさんの後ろ姿を別の子が写真に撮っていて、見せてくれました。

写真を見ると、Oさんは随分と背が伸びたんだなあと気づきました。ソメイヨシノを見ながら、「もうこんなに花が開いているね。入学式までもちそうにないなあ」と二人で残念がっていた会話が写真から聞こえてきそうです。

もうすぐ6年生。春を見つけながら、このクラスの別れを意識した子どもたちでした。

54

卒業式に向けて① 卒業式練習の事前指導

5年生は、在校生代表として卒業式に出席します。

来年度は、送られる立場になる子どもたち。でも、卒業式に出席する目的は「来年度の練習」ではありません。私は、学級での事前指導として、以下のポイントを押さえて教室で話しました。

- **在校生代表としてふさわしい姿とはどんな姿かを考える**
- **自分たちが6年生になったとき、どのように送り出してほしいかを想像する**

あくまで、**「自分たちはどう在りたいか」**を追求します。

学年での卒業式練習が始まる前、改めて5年生全体の前で話をしました。

授業や学級活動、児童会活動で高学年としての自覚を持ちながら頑張ってきた子どもたちを前に、私は、

「みんなだったら、きっと立派に6年生を送り出してくれると思う。1年生から4年生の思いも胸に、感謝と祝福の気持ちを精いっぱい歌と態度で届けてほしい」

と伝えました。

子どもたちの目に力がこもるのを感じました。

（いい卒業式になりそうだ）と、私は確信しました。

55

卒業式に向けて②　起立、礼、着席の指導

子どもたちは言葉を発しないときほど緊張が緩みます。緊張が緩んだときに、自分を律することができる5年生であってほしいと願う私は、全体指導の場で次のように伝えました。

「みんなの出番は、在校生代表の言葉と歌です。でも、みんなが存在感を示す場面は、他にもあります。それは、起立・礼・着席です。心が揃うと、動きや音が揃います。ちょっとやってみましょうか。……在校生、起立。礼。着席」

何も指導せずに、一度やってみます。すると、パイプ椅子の音がしたり、礼のタイミングや角度が揃わないなど、子どもたちも「揃っていない」ことを実感します。

「初めてとは思えないほど上手でびっくりしたけれど、椅子の音や礼が揃っていませんでした。コツを伝えます。**起立のとき、椅子の脚を踏まないように床に足裏をつけておきます。礼の角度は四十五度ぐらいで止めます。止めた状態で一、二と数えて、三で気を付けの状態に戻します。**着席はできるだけ音を立てないようにします」

このように伝えてから、もう一度やってみます。すると、ほとんど無駄な音が鳴らなくなりました。**空気が引き締まるような感覚がします。**子どもたちは、「揃う」とはどのような状態かを知り、できるようになることで卒業式の厳かな雰囲気は自分たちがつくるのだという意識を持つことができます。

56

卒業式に向けて③ 歌と言葉の指導

卒業式のような儀式的行事では、動作の仕方や行儀に関する指導はやはり大切です。しかし、厳しすぎると子どもたちの参加意欲を削《そ》いでしまう可能性もあります。

指導は短時間で的確に行い、それができるようになれば、何度も繰り返して練習するのではなく、練習時間を短縮するなどして、子どもたちが自分の頑張りを認められるように工夫しましょう。

「起立・礼・着席」は、すぐにできるようになっても、歌や言葉の指導はそうはいきません。歌は、毎日歌うことでどんどんうまくなります。**朝の会や帰りの会などで歌うことを習慣化します。** 練習を始めた頃に動画を撮っておき、十日ほど経ってまた動画を撮ると、歌唱が上達していることがわかります。

在校生代表の子どもには、**過去の卒業式の動画を見せて、上手な話し方をお手本にします。** 一言一言指導するよりも、同じ立場の子どもの話し方を知る方が、自分で学ぶ意欲が高まります。卒業式が迫ってきたら、細かな点でアドバイスをして精度を高められるようにします。

卒業式当日、子どもたちは、歌、言葉、起立・礼・着席、そして姿勢まで完璧でした。在校生代表として、ふさわしい凛《りん》とした姿で卒業生を送り出すことができました。

57

最後の学級会

5年生の終わりを見据えて

卒業式練習が始まり、いよいよ5年生の終わりが見えてきました。私は、6年生担任のとき以外、カウントダウンカレンダーを作ったことがないのですが、子どもたちが自分で作ったものが教室後方の掲示板に貼られていました。それを見て、少し寂しい気持ちになったのは、私だけではなかったようで、イベント企画同好会の女子児童数人が休み時間に相談に来ました。

「先生。今までいろいろなイベントを企画してきたんですけど、最後はみんなの心に残ることがやりたいんです。何がいいと思いますか」

本当にいろいろ企画してきた子どもたち。ハロウィンパーティもクリスマスパーティも出し物のクオリティが高くて心に残りました。それを超える企画なんて私に思いつくはずもありません。

「みんなに聞いてみたら？　心に残る何かがしたいんだけどって」

なんて曖昧なアドバイスなのでしょうか。でも、もうこんなにふわっとした言葉でも動き出せる子どもたちに育っています。私はほんのちょっと背中を押すだけ。**子どももほんのちょっと押されるだけで安心する**のだと思います。

早速、帰りの会で提案し、次の学級会までにやりたいことを考えておくことになりました。

最後の学級会

そして、学級会が行われました。運動場で遊ぶ、体育館で遊ぶ、脱出ゲームをする、などいろいろな意見が出ます。どれも今までにやったことがあって、子どもたちが楽しかったことです。でも、一つだけ、やったことのないものが出ました。それは、

「段ボールハウスづくり」

です。教室の隅で子どもたちの話し合いの様子を見ていた私は、思わず「え?」と声を上げてしまいました。「段ボールハウスづくり」なんて、子どもたちとしたことはありません。

5年生でする「段ボールハウスづくり」は、想像するだけでも大変そうで、思わず声が出てしまったのです。でも、子どもたちは驚く私の顔を見てにんまり。(あ、これは、もうやりたくなっている顔だな)と私は悟ったのでした。

段ボールハウスづくりに向け、構想を練る

意見を出してくれた子が、タブレットでイメージ図を探して電子黒板に提示し、みんなで

必要なものを考えます。この時点で、数名の男子がもうノリノリ。

「家から段ボール持ってきます！」

「近くの業務スーパーにもらいに行きます！」

「あ、じゃあ百円ショップにも行ってきます！」

「ガムテープはいりますか？」

「色は塗っていいですか？」

……行動力も想像力ものすごいです（笑）

私が用意できるものや、図工準備室から段ボールカッターを借りられるか確認し、学校の段ボール倉庫もチェック。幸い大量の段ボールが見つかりましたが、すべて持って行っていいかわからないので、確認のみでストップ。

修了式までの時間のなさを考えると、色を塗ることは難しいと伝え、とにかく**家のようなものをみんなで作って楽しむ**、という目標を立てました。

そんなこんなで「実現できそうでみんなの記憶に残るイベント」は「段ボールハウスづくり」に決定しました。

58

思わぬ副産物をもたらした段ボールハウスづくり

子どもたちは欠席ゼロ。この日をどれだけ楽しみにしていたことか。

いよいよ、段ボールハウスづくり当日です。

教室の机や椅子を空き教室に全部移動して、教室の中は大量の段ボールとテープ類などの道具のみ。広々とした作業スペースです。

「段ボールハウスづくり、始めるぞー！」

元気よく、段ボールハウスづくりがスタートしました。

クラスを四つのグループに分けて、それぞれ作り始めます。グループによっては、設計図を広げているところや、段ボールを広げてイメージを出し合っているところも。

全員で楽しむことができるクラスに

クラスには、ほとんどの時間を支援学級で過ごす子どもがいました。みんなと一緒に授業を受けていたのは、音楽、図工のみで、他の授業は十〜十五分ほど教室で過ごしたら支援員の方と支援学級へ行って学習していました。でも、この日は、**ずっと教室で一緒に段ボールハウスづくりをしました。**彼はTちゃんと呼ばれていましたが、グループで作っているときも、

「Tちゃん、ここ通れる？　入ってみて」と言って通路を通れるか確認したり、屋根付きの部屋ができると中に一緒に入ってくつろいだりしていました。

はさみやカッターを持つことは危険でできなくても、できることを精いっぱい一緒にやって、楽しんでいることに感心しました。いつの間にか、休みがちだったあの子も笑顔で段ボールハウスを作って遊んでいました。

試行錯誤とアイデア

なかなかうまく壁を作れなかったグループが、別のグループに作り方のコツを聞いてその技術を取り入れたり、屋根を作ることが難しいと判断したグループが、床に段ボールを敷き詰めて、ベッドを作って家を充実させたりしていました。

そして、時間が経つと、「先生、来て！」と何度も呼ばれます。

私は、家にやってくるお客さん役で、家の中に作ったいろいろな推しポイントを紹介されました。呼ばれていくと宅配ドライバーの設定のときもあって、小窓から段ボールのお金を支払われたりもしました。私は外にいるのに、子どもたちは届いたピザ（段ボールで作ったも

の）を切り分けて、楽しそうに食べていました（笑）

思いもよらない副産物

夢中で何かを作ることや、一人ではできないことを仲間と協力して作ることは、こんなにも楽しいことなのだと気づくことができました。そこに教師は必要なく、子どもたち同士で考え、話し合い、創造するのですね。

「とにかく家のようなものをみんなで作って楽しむ」という漠然とした目標だったのに、その過程は、**一人ひとりの個性が光りながらもみんなの知を結集した実に豊かな学習の場**になっていました。

「最後はみんなの心に残ることがやりたいんです」と言って、全員で考える場をつくってくれたSさんは、将来先生になりたいと言っている子です。

この経験が彼女の記憶にしっかりと残り、みんなで何かをする楽しさを、これから先もずっと大事にしてくれたらいいな、と思います。そして、その喜びを先生になってぜひ感じてほしい、と私は願います。

59

自分と他者を認め合う子どもたちに

5年生のクラスで過ごす最後の日。机、棚、黒板をピッカピカに磨いて、気持ちよく過ごせる教室にして子どもたちを迎えます。後ろの黒板には、これまでに撮影した子どもたちの集合写真を大きく印刷して貼り、まわりは桜の折り紙で飾り付けをしました。

修了式を終えて教室に戻ってきた後、通知表を渡します。そのとき、**一人ひとりが書いた振り返りに対する私からのメッセージを手紙にして、音読して渡す**ことにしました。

「Aさん」と言うと、Aさんが「はい！」と元気に返事をして立ちました。まるで卒業式の決意表明みたいで、子どもたちはワクワクしている様子です。

「いつも冷静沈着なAさん。先生のボケに対する鋭いツッコミは、いつもみんなを笑わせて教室をよい雰囲気にしてくれました。はっきりと意見を言えるところがAさんの素晴らしいところです。これからも自分の考えを大切にしてくださいね」

Aさんへのメッセージを言い終えると、子どもたちが「おお～！」と拍手をしてくれました。たまに「6年生では忘れ物をしないようにね」と、チクリと言うこともありますが、子どもたちは終始にこにことメッセージを受け取ってくれました。

自分を、そして他者を認め合えるようになって、5年生を終える子どもたちの姿がそこにありました。

60

動画に思いを込めて

修了式の日、子どもたちから動画やカードのサプライズプレゼントをもらいました。何かあるかもしれない、とは思いつつも何が計画されているか全くわからない状態でしたが、これまでのイベントで度々サプライズをしてくれていたので、私も準備をしていました。

その名も**「サプライズ返し」**。もはやサプライズを予想している時点でサプライズではない（笑）。サプライズ返しは、動画です。一年間の子どもたちとの思い出。写真も動画もたくさんありました。子どもたちと毎月折った折り紙制作。いろいろなパーティ。学校行事。毎日の授業。十分ほどの動画にするため、写真や動画を厳選して作りました。曲はケツメイシの「友よ」です。

何十年先も　君を友達って思ってる　つらいときは何でも話してよ
いいことばかりじゃない　この先の僕らの毎日に
これだけはずっと言える　本当ありがとう　友よ

私はきっと、この子たちと過ごした一年をこの先何十年も忘れることはないでしょう。先生だけど、友達のように一緒にいて楽しかった子どもたちに、**「いつまでも応援しているよ。ありがとう」**という気持ちを込めて「友よ」を贈りました。

おわりに

本書をお読みいただき、ありがとうございました。

どの項目のエピソードが心に残りましたか。

私にとっては、どれも子どもたちの顔が浮かんでくる、とっておきのエピソードですが、ここに挙げられなかったものもたくさん。そして、忘れてしまっていることもきっとあるのでしょう。

毎日、少しでも子どもとの会話の内容や一日の振り返りを書き残しておけばよかったと思います。そうすれば、今日の私はもっとパワーアップできていたかもしれません。それぐらい、自分の記した日記を読みながら「あのときの自分」を振り返ることは、有意義な時間でした。

まだ遅くないですよね。よし、四月からやってみます。「先生スタイル手帳」のウィークリーページの右側、日付が入ったあの小さな枠に、毎日少しでも言葉を残そうと思います。

まだまだ成長期！

樋口　綾香

著者

樋口 綾香（ひぐち あやか）

大阪府池田市立神田小学校教諭
兵庫県生まれ。大阪教育大学を卒業後、大阪府公立小学校、大阪教育大学附属池田小学校を経て現職。関西国語授業研究会、授業力＆学級づくり研究会所属。「読解力・表現力を育成する多読を基にした言語活動のカリキュラム開発（科研費奨励研究16H1051）」や「シンキングツールを取り入れた構造的板書による読解力・対話力と情報活用能力の研究（科研費奨励研究17H00095）」など、確かな理論に基づく授業改善に取り組む。
主な著書に『「自ら学ぶ力」を育てる GIGAスクール時代の学びのデザイン』（東洋館出版社）、『子どもの気づきを引き出す！　国語授業の構造的板書』（学陽書房）等がある。
最新実践はInstagram@ayaya_t_, Twitter@ayayateacher, voicyなどで発信。SNSフォロワーは4万人をこえる。

【参考文献】

・文部科学省「小学校学習指導要領（平成29年告示）解説」
・プロジェクト・ワークショップ【編】『シリーズ・ワークショップで学ぶ　作家の時間―「書く」ことが好きになる教え方・学び方（実践編）』新評論、2008年
・赤坂真二『先生のためのアドラー心理学：勇気づけの学級づくり』本の森出版、2010年
・樋口綾香「板書や指導のコツを伝授！　樋口綾香の「すてきやん通信」」みんなの教育技術・https://kyoiku.sho.jp/special/52821/
・樋口綾香『子どもの気づきを引き出す！　国語授業の構造的板書』学陽書房、2021年
・樋口綾香『「自ら学ぶ力」を育てる GIGAスクール時代の学びのデザイン』東洋館出版社、2022年

カスタマーレビュー募集

本書をお読みになった感想を下記サイトにお寄せ下さい。レビューいただいた方には特典がございます。

https://www.toyokan.co.jp/products/5773

5年生のクラスをまとめる 60のコツ

2025（令和7）年3月28日　初版第1刷発行

著　者　樋口 綾香
発行者　錦織 圭之介
発行所　株式会社 東洋館出版社
〒101-0054　東京都千代田区神田錦町2丁目9番1号
コンフォール安田ビル2階
代　表　TEL 03-6778-4343／FAX 03-5281-8091
営業部　TEL 03-6778-7278／FAX 03-5281-8092
振　替　00180-7-96823
URL　https://toyokan.co.jp/

装幀・本文デザイン：etokumi 藤塚尚子
イラスト：kikii クリモト
組版：株式会社明昌堂
印刷・製本：株式会社シナノ

ISBN978-4-491-05773-6 ／ Printed in Japan